大学生科技社团建设研究与探索

张晓琪　王秋兰 著

中国纺织出版社有限公司

图书在版编目（CIP）数据

大学生科技社团建设研究与探索 / 张晓琪，王秋兰著 .-- 北京 :中国纺织出版社有限公司, 2021.6（2024.2重印）
ISBN 978-7-5180-8581-1

Ⅰ. ①大… Ⅱ. ①张… ②王… Ⅲ. ①大学生－科学技术－社会团体－研究－中国 Ⅳ. ① G645.57

中国版本图书馆 CIP 数据核字（2021）第 100448 号

责任编辑：郭　婷　　责任校对：江思飞　　责任印制：储志伟

中国纺织出版社有限公司出版发行
地址：北京市朝阳区百子湾东里 A407 号楼　邮政编码：100124
销售电话：010—67004422　传真：010—87155801
http://www.c–textilep.com
中国纺织出版社天猫旗舰店
官方微博 http://weibo.com/2119887771
北京兰星球彩色印刷有限公司印刷　　各地新华书店经销
2021 年 6 月第 1 版　　2024 年 2 月第 2 次印刷
开本：710 × 1000　1/16　印张：12.25
字数：210 千字　定价：68.00 元

前言

党的十八大以来，习近平总书记多次就科技创新发表振奋人心、催人奋进的重要讲话——“我国科技发展的方向就是创新、创新、再创新”“科技创新、制度创新要协同发挥作用，两个轮子一起转”“创新驱动实质上是人才驱动”等一系列重要讲话，激发了科技工作者的创新创造热情，为新时代科技事业发展指明方向。随着我国高等教育的不断发展，特别是近十年来，大学生科技社团已成为我国高校课外创新教育的重要阵地，也是大学生进行科技创新训练的重要途径。由于历史的原因，我国大学生科技社团在发展的过程中也存在不少问题，正确认识科技社团的育人功能，探索其发展的规律，加强对学生社团的引导和管理，对促进学生社团的健康发展具有重要意义。

针对大学生科技社团发展过程中存在的问题，本书对大学生科技社团人才培养方案研究、科技社团建设与实践、科技创新活动实践等内容进行了剖析并给出了相关的实例，旨在为大学生科技社团的建设提供一定的借鉴，并为教育工作者如何实施科技创新能力培养工作提供参考。本书以杭州电子科技大学学生社团的课外科技相关工作为实践基础，参阅了大量实践案例，希望能为相关学科或对此领域感兴趣的青年朋友开启创新之门。

本书涵盖了大学生社团概述、大学生社团发展历史沿革、大学生社团的组织与管理、科技社团创新人才培养研究、科技创新孵化器社团建设、大学生科技社团活动设计、科技创新活动实践等内容，并突出介绍了如何实施“挑战杯”全国大学生科技竞赛、国家级创新创业训练、浙江省科技创新活动等实践活动及实例。

本书共 7 章，具体如下：

第一章为大学生社团概述，主要介绍了大学生社团的内涵及其发展、大学生社团的类型及其功能、大学生社团影响因素分析，让读者了解我国大学生社团的特征。第二章为大学生社团发展历史沿革，通过对美国、我国的大学生社团的历史与发展进行介绍及分析，为科技教育工作者如何管理和建设学生社团提供了借鉴。第三章为大学生社团的组织与管理，围绕大学生社团的外部管理和内部管理，以及杭州电子科技大学社团管理制度进行撰写，系统性地介绍了社团管理的指导思想和管理原则。第四章为杭州电子科技大学科技社团创新人才培养研究，通过介绍科技社团创新教育改革目标及措施和支撑科技创新教育改革的资源建设，探索适应新时代科技社团发展的人才培养模式，为科技教育工作者如何培养好科技创新人才提供解决思路。第五章为杭州电子科技大学科技创新孵化器社团建设，通过杭州电子科技大学科技创新孵化器介绍、科技创新孵化器社团制度建设、科技创新孵化器社团 3X 培养计划等内容介绍，对学生科技社团的建设和运行给出了看法和建议，为科技教育工作者如何建设学生科技社团提供解决思路。第六章为大学生科技社团活动设计，介绍了国家级大学生创新创业计划、“挑战杯”全国大学生课外学术科技作品竞赛、浙江省大学生科技创新活动计划等实践活动的组织形式。第七章为杭州电子科技大学科技创新活动实践，通过介绍多个科技活动的实施过程，总结该类活动取得的经验收获，展现科技创新活动缤纷多彩的魅力，激发读者科技创新兴趣，为相关学科的大学生或对此领域感兴趣的青年朋友开启创新之门。

本书第一章、第三章、第五章、第七章第一节和第三节由张晓琪编写，共计 10 万字；本书第二章、第四章、第六章、第七章第二节由王秋兰编写，共计 11 万字。在素材整理方面得到了杭州电子科技大学科技创新孵化器社团 2019 级陶强、魏嘉微、林子尧等同学的帮助，在此一并表示感谢。编写过程中，还引用了许多学者的观点和成果，由于难以查明文献来源而未标注，在此一并致以敬意。

著者

杭州电子科技大学

2021 年 3 月

目　录

第一章　大学生社团概述

第一节　大学生社团的内涵及其发展

一、大学生社团的内涵及其特征

社团是社会团体的简称，学生社团是社团的一种。不同的学者从不同的角度对社团有着不同的界定。有的学者从社团目的的角度进行界定，如王云五在他编著的《社会科学大辞典》中说："在社会学中比较常见的用法是，社团是指人们为了追求某种或多种目的而组成的一个团体，譬如工会、商会、社会学会之类。"也有的学者从社团的互益性出发进行界定，如王颖等学者认为："社团就是具有某些共同特征的人相聚而成的互益组织。"而 1998 年我国颁布的新的《社会团体登记管理条例》是采用共同特征来定义社团："社会团体是指中国公民自愿组成，为实现会员共同意愿，按照其章程开展活动的非营利性社会组织。"尽管对社团的定义不尽相同，但一般的社会团体都应具有如下几个基本特征：

（1）有共同的目标。

（2）成员和管理者是合作伙伴关系。

（3）成员之间相互依赖，彼此互动，彼此影响。

（4）成员分享团体价值和规范，形成彼此关联的角色关系。

（5）成员将自己看成团体的一部分，同时被其他成员接纳为团体的一部分。

（6）冲突通过恰当的决策过程得到认识和处理。

那么学生社团与一般社团有什么区别呢？《中国大百科全书》教育卷中指出，学生社团是"中等学校和高等学校学生在自愿基础上结成的群众组织。这些社团可打破年纪、系科以及学校的界限。团结兴趣爱好相近的同学，发挥他们在某方面的特长，开展有益于学生身心健康的活动"。在这个定义中，我们看到，学生社团作为社团的一种，在自愿性、目标趋同性、非营利性以及非正式性的特征上与非学生社团都是相似的，其特殊性就在于它是基于学校环境中的以在校学生为主体的社会群体组织。另外，学生社团也不像一般社会团体那样必须接受《社会团体登记管理条例》的约束，该《条例》第三条规定“机关、团体、企业事业单位内部经本单位批准成立、在本单位内部活动的团体”“不属于本条例规定登记的范围”。显然，大学生社团就是指在大学中由大学生根据一定的管理规章围绕共同的活动目标自愿组织起来的大学生的非正式组织。它也是现代大学中非常重要的教育组织。

由于大学和大学生自身的特点必然决定大学生社团具有自己的特征，主要表现在以下几方面：

1. 组织的自发性

大学生社团是在学生自愿结合的基础上自发形成的，它既不是有关组织的安排，也不需要到校外机构申请登记，只要在校内有关部门（一般是校团委）申请备案即可，完全是大学生共同的观念、兴趣爱好的一致性而自发组成的。它的组建过程也完全是学生主动的、自发的，其成员的加入也是主动的、自发的。任何一个学生都可以在学校规章制度允许的范围内发起和组建一个新社团；任何一个学生都可以自主地选择自己想要参加的社团，尽管有些社团招新也有一定的条件，但关键还是看个人的兴趣和志愿。大学生社团的自发性，还表现在活动的内容和形式所呈现出的较大的自由度。所以社团活动对大学生很有吸引力，特别是对低年级学生。

2. 结构的松散性

社团作为一种校园非正式组织，具有结构松散性的特点。大学生加入社团一般只需报名登记就可以参加，不需要办理像入党、入团、转专业那样较为复杂的手续，也不需要进行严格的组织审查，一般成员也可随时自由退出。同时，社团内部的机构设置也没有固定模式，完全是根据社团的目标和大小由管理成员集体协商决定。正因为其结构的松散性，学生社团对其成员的控制是一种非正式的社会控制。它主要不是靠规章制度和组织机制来制约，它主要是以群体成员的共同兴趣、相互理解与信任、领导人的威信以及丰富多彩的社团活动来维系。由于学生社团是以校园生活与学习为基础，而且社团种类较多，可选择社团的空间较大，成员的进出也比较容易，这就使得大学生社团的组织结构更具松散性。

3. 类型的多样性

大学，特别是现代的大学，一般规模较大，学科专业齐全，而且是年轻学子集中的地方。不同的培养目标、不同的理想和来自不同文化背景的学子必然营造出丰富多彩的校园文化，这也为大学生社团类型的多样性奠定了基础。大学生正处于成长的青春期，在成长过程中他们对自然和社会充满了好奇，兴趣广泛而丰富。同时，随着社会经济和文化的发展，人们的生活更加丰富多彩，大学生的兴趣、爱好也将随着社会的进步而日趋丰富。因此，单纯的专业学习难以满足大学生发展的需要。再加上政府和学校积极鼓励和支持社团的发展。近些年，大学生社团的数量和类型日趋扩大，涉及政治、经济、文化、体育、科技、军事等各个领域。一般的高校少则也有几十个学生社团，多的有几百个。

4. 目标的趋同性

就参加学生社团的成员而言，其参加社团的初衷都是由于在兴趣爱好、特长、观念等方面具有某种程度的一致性，从而在社团活动中表现出极高的热情和主动性，社团成员希望在社团里施展才华，锻炼能力，愉悦身心。社团就是社团成员共同的愿望和需求汇聚之所。这种由个体目标集聚、整合而达到群体目标的一致，正是学生社团总能不断吸引学生参加的前提。同时，社团目标的趋同性又为个体成员能力的施展、相互促进和素质的提高提供了条件。与社会一般社团不同的是，大学生社团的成员由于具有年龄接近、素质相当和生活经历相似的特点，所以他们彼此间的互动更容易产生共鸣，目标趋同性表现得更强烈。因此，只要社团负责人不偏离办团的宗旨，大学生社团成员之间的关系总是较为密切，内聚力很强。

5. 管理的自主性

由于大学生社团是大学中的“民间”组织，即非正式组织。学校一般只对社团进行宏观管理。至于社团内部的管理完全由社团本身的组织结构来承担，社团的宗旨、活动目标、活动内容的设计与实施以及社团人员和经费的管理等全由社团自主进行。即使学校对社团活动要进行考评，但考评的目的是为了更好地规范社团活动，激发社团活动的潜力，促进社团健康的发展。社团的指导教师一般只起顾问的作用，他不是社团的领导。所以，社团活动大大不同于课堂教学，它完全是由学生说了算。

6. 活动的开放性

参加社团的大学生都是一群有活力有激情的年轻人，富有想象，敢为人先，所以他们设计和开展的活动也往往具有个性和丰富性的特点。同一名称的社团，在不同的学校开展的活动往往是不一样的；就是在同一学校，由于社团的负责人不同，其工作的思路也有很大的差别。而且，社团的活动尽管也有计划性，但由于管理的民主性，其计划也可以适时的调整。只要有人提议并得到决策人员中多数人的支持，此项活动就可以付诸实施。所以，大学生社团活动的开放性也很明显。活动的开放性必然带来活动内容与形式的丰富性。

二、大学生社团的产生与发展

1. 大学生社团的产生

任何一种社会组织都是适应社会的需要而产生的，而人的需要又是多方面的。任何具体的社会组织都只能满足人们某个方面的需要而不能满足一切需要。因此，生活在某种具体组织中的人们，在自己所处组织提供的需要之外，就可能为得到或实现其他的需要而结成不同的群体。如人们常自主组织的娱乐群体。大学也不例外，尽管它是以培养高级人才和服务社会为自己的组织目标，具有系统完备的内部组织结构，但由于它是以学科和专业为其基本的组织构架，它在常规运行的过程中这些基本的组织机构也同样不能满足大学生的所有愿望和要求。

从学生的学习看，大学生的学习是分科分专业进行的。一般高校都设有十几或几十个不同的专业。大学生一入校就在某一专业领域里学习，学校常规组织给大学生提供的学习条件，一般主要包括：各专业的教师，一定数量的文献及其他资料，一定规模的实验设备及特定的教学活动得以展开的时间和空间等。这些条件主要是为满足大学生对自己所学专业需要的实现。大学生对其他专业或领域的兴趣爱好，学校的基本组织是不能直接给予满足的。

另外，无论大学生们是主动地还是被动地选报大学的专业，一旦他们被录取到大学的特定专业下，一般就在那里学习，只有很少的学生能在入校之后从一个专业转到另一个专业。而实际上，绝大多数学生是在所处专业下按学校的规定，在班级教学所照顾到的一般水平上进行学习的。班级教学一般只能照顾中等学习水平的学生而难以有效地顾及学习水平处在“两头”的学生。但不可否认，同一班级中也必然会有一部分学生或对本专业或对其他专业拥有特殊的兴趣爱好，他们自然能认识到形成一个特别的学习集体更有利于发展自己的兴趣爱好和特长，因此，他们组成社团的又一动因就出现了。

这样，一方面，学校原有的基本组织只能直接向大学生提供某个方面、某种程度上的需要的满足；另一方面，有一部分大学生还要求有其他方面、其他程度上的需要的满足。结果，当这一部分大学生要求满足其他需要的申请得到学校组织的认可时，大学生社团就产生了。

从社会层面分析，大学生社团的产生是社会和大学发展到一定历史阶段的产物。在传统大学，由于社会生产力水平不高和专制制度的影响，社会呈现出高度的一致性，学生主体意识也不强，没有过多的想法和要求，同时，传统大学高度的封闭性以及对封建皇权或神权的绝对服从性，也不允许学生有发展其多样兴趣爱好的条件。而社会的发展和现代大学的产生，为学生社团的产生和发展提供了十分有利的条件。首先，现代大学受社会发展的影响倡导民主和尊重个性，这为大学生社团的产生创造了条件。随着社会分工不断向前发展，高校学习的专门化趋势越来越突出，而学生随着社会的发展其兴趣爱好越来越多样，张扬个性的需要也越来越强烈。大学原有的组织结构提供给大学生学习的条件主要是为了满足其某一专业学习的需要，而大学生对其他专业或领域的兴趣，特别是自己个性、特长的发展，学校是不能直接满足的。因此，当有一部分学生张扬个性的需要得不到满足时，就会按照志趣集结成为不同的群体共同去寻找发展的空间，而且这在现代大学中不会受到学校的压制。其次，现代大学自由的学术氛围为学生社团获得学校组织的认可提供了有力的保证。当学生自愿结成某一群体的要求越来越强烈时，为了争取合法的“身份”，学生便会向学校组织提出成立社团的要求。现代大学强调大学是教学与研究的统一体，主张学术自由，学生不仅要学习前人的文化，更要通过深入的研究，融合文化、创新文化。各种各样的学生社团能为大学生提供进行科学研究的有效载体，这符合现代大学的教育理念和目标，因此，学生自主建立的社团也就必然能得到学校的认可。

在西欧，早在 19 世纪初的德国，由著名教育家淇堡创建并领导的柏林大学，就以“倡导学术自由，注重培养学生的研究能力”的办学理念而开现代大学之新风。柏林大学允许并鼓励教师和学生自由研讨学问，自主开展各种科学和艺术活动。继柏林大学之后，德国出现了一批按照柏林大学精神建立或整改的大学，如 1818 年创建的波恩大学，1826 年建立的慕尼黑大学等。大家熟悉的伟大的马克思 (1818—1883) 就是 1835 年进入波恩大学法律系学习的。课余时间，他热情奔放地参加大学生的各种活动，第二学期就被选为特利尔学生同乡会主席。到 1836 年 10 月，他就转学到柏林大学。开始，他还是按照父亲的意见继续学习法律。但他对法律的兴趣不大。他最喜欢哲学，其次是历史，在他的心目中法律只是辅修专业。通过自学他逐步认识到黑格尔哲学的价值，后来他参加了青年黑格尔族的博士俱乐部(当时他刚满20岁)，更加专心致志地研究哲学，最终创立了马克思主义的哲学体系。柏林大学对世界高等教育的影响是深刻的。英、法、美等国也相继根据柏林大学的理念新建或改建了一批大学。如19世纪英国剑桥大学和牛津大学也有了学生的课外活动组织，并被称为Union。现代的美国大学更是如此，他们特别重视学生自治的社团组织的育人功能，美国政界、商界、科技界、艺术界的绝大多数精英都曾是社团活动的活跃分子，如尼克松、肯尼迪、克林顿、布什等都曾是大学生社团的风云人物。

当然，还应该提及的是俄国的莫斯科大学。早在18世纪莫斯科大学的校园里就出现了戏剧爱好小组，后来还建立了俄国第一所大学剧院。在这里，德·伊·冯维辛（1744—1792，俄国具有启蒙思想的作家，俄国社会喜剧的创始人，著有《纨籍少年》《旅长》等）和其他师生一起奠定了俄国话剧艺术的基础。其后，把握俄国话剧创作前进方向的，在很大程度上是莫斯科大学的一批毕业生。俄罗斯的一批文学泰斗，最初也是在莫斯科大学的文学小组崭露头角的，如亚·谢·格里鲍耶陀夫（1795—1829，代表作诗体喜剧《聪明误》）、米·尤·莱蒙托夫（1814—1841，代表作长篇小说《当代英雄》）、维·格·别林斯基（1811—1848,俄国文学批评家）、亚·伊·赫尔岑（1812—1870,俄国革命家、作家）、尼·普·奥加辽夫（1813—1877，俄国革命家、诗人，代表作《幽默》）、伊·亚·冈察洛夫（1812—1891，俄国现实主义小说大师，代表作有《平凡的故事》等）。苏联著名的作曲家和指挥家亚·阿·斯片季阿罗夫（1871—1928）、谢·尼·瓦西连科（1872—1956）、著名的抒情男高音歌唱家列·维·索比诺夫（1872—1934）等，他们当初在莫斯科大学学习时，都是大学合唱团的积极分子，交响乐队的主力。学生们按兴趣自由组合为社团，自主地开展活动，并常与当时国内外的著名科学家、文学家、艺术家聚会请教。这种传统一直延续到苏维埃时代。莫斯科大学在列宁山上的新校舍落成后，又成立了各种各样的俱乐部。这些俱乐部的共同任务就是组织学生、教职工及家属的休闲活动，满足他们的文化需求，培养他们的爱好和兴趣。这些俱乐部活动培养了学生的志趣，开拓了学生的眼界，发展了学生的创造才能，它起到了课堂教学所不能有的作用。

在19世纪末20世纪初的中国，现代大学逐步建立起来，如北京大学、清华大学、天津大学等，现代大学建立后不久，各种各样的学生社团也在校园中出现了。

我国第一个严格意义的高校学生社团是1904年京师大学堂抗俄铁血会。20世纪初，日本和俄国在中国的领土上进行战争，争夺各自的利益，严重践踏了中国的国家主权，侵害了中国人民的生命财产安全，而清政府已是残烛一盏，无能为力，就在这多难之际，京师大学堂的学生们表现出了空前高涨的爱国主义情怀，成立了抗俄铁血会。协会成员通过游行、演讲、办报刊、发传单等组织形式开展了一系列轰轰烈烈的抗俄运动，在全国引起了巨大的反响。1919年五四运动前后，一大批现代意义的社团风起云涌，这是五四新文化和民主爱国运动的直接产物。他们广泛开展活动，出版刊物，进行宣传，对当时爱国民主运动的深入开展起到了积极的作用，同时也反映了那个时代青年们的生活和思想面貌。例如，1915年，21岁的毛泽东在湖南第一师范组织了新民学会，学会以“改造中国与世界”为方针，毛泽东评价说那是“一个高尚纯粹、勇猛精进的同志团体”。1919年成立的觉悟社，则是一个组织严密的团体，他们主要开展一些科学和新思潮的研究。周恩来和邓颖超都是当年该社团的第一批社员，他们常在一起议论研究一些新思潮，反对孔孟之道，打破封建习俗，在广泛的交流中探求真理。

不难看出，我国现代大学的学生社团最初就代表着中国先进文化的前进方向，是一批有知识有理想的大学生自发走到一起形成的学生组织，他们在创立社团的整个过程中都表现出了很强的爱国意识和爱民观念。他们通过社团这种形式进一步了解了祖国悠久的历史文化和优良传统，进一步认清了中国的基本国情，接触了先进的思想和理论，看到了祖国的美好未来，培养了浓厚的爱国情感。也就是在那时起思想先进的大学生勇敢地接受了马列主义，推动了新文化运动的发展，为后来民族民主革命的发展打下了坚实的理论基础。后来在革命战争时期的大学生社团都秉承了这种优良传统，或有力地唤醒了民众，或鼓励成员走上前线报效祖国，为革命的最终胜利做出了巨大贡献。

2. 大学生社团的发展

我国大学生社团第一个发展的高潮期是在五四运动前后的20世纪二三十年代，这除了受当时的社会背景影响外，也与蔡元培的大学教育思想有着密切的关系。蔡先生在北大任校长时，倡导“学术自由”“学生自治”，积极鼓励和支持教师、学生成立各种有益于身心、道德、学术发展的社团、协会，赞助学生创办杂志，以此扩大学生眼界，陶冶学生的情操，培养学生的主动精神，使之关心学校和社会有关问题。“提倡进德会，以挽奔竞及游荡的旧习，组成体育会、音乐会、画法研究会、书法研究会、平民演讲团与《新潮》杂志，以发扬学生的自动精神，养成服务社会的能力”。在蔡元培的倡导下，北大各种学术、政治团体纷纷出现。当时著名的社团除了蔡先生文中提到的以外，还有新闻研究会、哲学研究会等。对这些社团，蔡元培花了很大的精力。他曾亲任新闻研究会的会长，并主持进德会，还经常到各种社团去讲演，要求学生研究学理，认定自己所热爱的专业，持之以恒，终身不舍，而不要“兴到即来，时过情迁”。这些社团经常组织讨论会，开展学术交流，对提高学生的学习兴趣和社会责任感起了很好的作用。在清华大学，至 20 世纪 30 年代，校园社团累计达几十个。有“国语演说辩论社”“戏剧社”“清华文学社”等。

从抗日战争爆发到新中国成立这一段时期，由于国家一直处在战争状态，大学教育本身处在低潮，有的面临生存危机，所以大学生社团活动总体上也处在低潮。有些进步社团一般都是开展地下活动。

新中国成立后，由于实行的是社会主义计划经济，并经常受“左”倾思想的影响，人的个性在某种程度上不仅未得到倡导反而受到压制。再加上新中国成立后到改革开放之前这段时间，我国高等教育发展从历史的角度看尽管较快，但总量较小，中间还经历了十年的“文化大革命”。所以，在改革开放之前，我国大学生社团基本上没什么大的发展。

我国大学生社团的第二次大发展是在改革开放之后，尤其是 20 世纪 90 年代之后。随着高等教育的大发展和高等教育大众化时代的到来，我国在校大学生的人数剧增，学校的规模也越来越大，再加上“张扬个性”成为时尚和社会对人才的要求越来越高（如强调复合型人才、强调综合素质等），单一的专业学习难以满足广大同学的需要。

到 20 世纪 80 年代，学生社团仍主要以一些人文性的社团为主，如文学社、哲学社等，所以改革开放之初的校园文化就呈现出一种理想主义的色彩；而到了 20 世纪 90 年代，校园里计算机协会、演讲协会、经济协会等实用性社团的出现，则使校园文化披上了务实的风格；到今天综合技击协会、动漫爱好者协会、环保协会等社团新贵在校园内的受欢迎，则表明校园文化具有一种人文关怀的品格。近 20 年，我国大学生社团如雨后春笋，不仅种类越来越多，而且名称也是五花八门，叫人目不暇接。

进入 21 世纪，我国大学生社团在社会上的影响越来越大。从 2005 年开始，由华人英才网、腾讯、中国教育在线等单位组织主办“全国高校社团会长年会暨象牙塔内外精英对话年会”。会议通过主论坛和分论坛让来自全国高校的精英代表与各行各业的顶级企业家和社会知名人士进行对话，即当前中国最有影响力的社会精英和中国未来最有影响力的大学生围绕社会的发展和人生的发展进行对话。这已经成为中国大学生每年最期待和关注的年度盛会，广大的高校学子纷纷通过媒体的报道接受大会现场及其成果的影响。

中国高校社团网是覆盖全国高校社团各领域的权威性专业网站，是集社团领域和企业选拔优秀人才的最大门户网之一。本着切实为会员提供理论支持、更好地为全国高校社团拓宽信息来源、畅通信息交流及进行对外宣传报道，提高社团在学校和社会的知名度和美誉度，以及方便社团会员充分就业和企业选拔优秀人才的理念，中国高校社团网根据目前大学生比较普遍关心的问题，在原版本的基础上重新开设了如下栏目：社团文学、团体会员、职业教育、考试中国、求职招聘、星座天地、社团论坛、社团资讯、社团风采、社团领导、高校团委、学生会、社团管理、会员档案、创业中国、实用生活、法律保护等内容。中国高校社团网也是大学生们温暖的家。

不同的社会环境使学生社团的发展呈现发展快速与缓慢相互交替的局面。高校学生社团都经历了一个“从无到有”的过程，初始阶段，社团类型单一，规模偏小，活动较少，影响力不大，随着社会的发展对高校人才培养提出的新要求，现代大学办学理念的新变化以及大学生参与意识、主体意识的发展，学生社团逐渐成为高校教育模式和校园文化中不可或缺的亮丽风景。

第二节　大学生社团的类型及其功能

一、大学生社团的类型

不同的学者对大学生社团的分类也有所不同。最少的有三分法，如刘梅、徐经忠曾将大学生社团分为兴趣爱好型（包括娱乐型、体育型）、提高素质型（包括文化类和研究类社团）和服务型社团（包括实践型和服务型）三类，实际上里面也包含了五种类型。也有的将其分为四类：知识学术型、文化娱乐型、研究创造型和社会服务型。本人也曾将大学生社团分为文学艺术类、体育类、知识学术类、专业技能类和社会服务类五种类型。胡小兵曾在硕士论文中将大学生社团分为六类：理论研究型、专业学术型、社会服务型、文体休闲型、爱好型和公共信息传播型。范向前教授则将大学生社团分为七类：政治理论学习类、社会科学类、学术科技类、志愿服务类、文学艺术类、体育健身类以及其他类。扬州大学的余洪老师也将大学生社团分为七类，但与范老师略有区别：思想政治型、专业技能型、语言文学型、文化艺术型、体育竞技型、公益服务型、实践锻炼型。而北京大学又将社团分为八类：政治理论类、学术科创类、文化艺术类、体育健身类、公益志愿类、实践促进类、合作交流类、地域文化类。由上可见，大家主要还是根据社团活动的内容和功能来划分的，当然也与学校及社团的规模大小有关，而且有些社团是跨类的。

二、大学生社团的功能

从上述的大学生社团的内涵、特点和类型中，不难看出大学生社团在大学教育中具有显著的育人功能，主要表现在以下几方面。

1. 思想政治教育的功能

大学生的思想政治教育工作历来是党和政府十分重视的工作，思想政治教育工作本身是一件抽象、枯燥的工作，学生社团可以充分发挥自身的特点和优势，利用本身具有自主性、实践性、灵活性、直观性和生动性的特点对大学生进行思想政治教育，尤其是有利于对大学生进行民主法治的教育。社团以丰富多彩、形式多样的活动为载体，寓教育于活动中，潜移默化地对社团成员进行着有效的思想政治教育，弥补了课堂教育“说教”的种种弊端，这是高校在新形势下对大学生进行思想政治教育的有效途径和载体。

2. 培养团队精神的功能

随着社会主义市场经济的发展和社会分工越来越细化，竞争也变得更加激烈，团队精神显得尤为重要，而学生社团的特点和性质为培养大学生的团队精神提供了重要的场所和实践机会。无论是哪一类的学生社团，都会根据工作需要分成几个部门或是工作小组，有的负责宣传、有的负责外联、有的负责策划等，只有每个部门的工作做好了又团结协作，整个团队的工作才可能真正实现，只有每一位成员都有主人翁的态度和集体责任感，才能凝聚大家的智慧和力量，形成合力，增强本团队的战斗力和工作的有效性。

3. 全面发展的教育功能

学生社团的多样性和实践性对提高大学生的综合素质具有重要的作用，学生社团丰富多彩、积极向上、形式多样的校园文化活动对培养大学生的实践能力、自我管理和自我发展以及创新能力等，都起到了积极的、第一课堂取代不了的作用。可以说，高校的学生社团是一个大舞台，一个大熔炉，学生们可以在这里锻炼、成长，提高自身的全面素质，为今后走入社会创造良好的自身条件。高校学生社团的素质教育功能可以从提高大学生专业素质、心理素质、身体素质和独立创新素质等多方面得到体现。

4. 培养个性特长的功能

大学生社团是大学生完全根据自己的兴趣爱好自主选择参加的活动与学习组织，很多社团特别有利于展示和培养自己的个性与特长。它不仅是志趣相投的一群人自愿结合在一起，相互学习和共同发展自己的爱好和特长，而且大学里没有一门课程能像社团活动那样可以从进校时开始一直持续到毕业。大学里最长的课程就是公共体育和公共外语，但它们也只开设两年。如果参加社团，只要你愿意，可以一直参加到毕业。如果一个人持续三年或四年参与自己喜欢的一项活动或学习、钻研自己感兴趣的某一领域，即使没有多少基础也容易形成自己的特长。

5. 社会服务的功能

学生社团的非功利特点和与社会广泛接触的特点决定了学生社团活动的社会服务功能。从另外一个角度说，学生社团的社会服务功能体现了大学生的志愿者精神。如一些书画、摄影、文学、文艺等学生社团常利用周末和节假日走进社区、走进乡村，为广大群众送去了书画作品、精彩的文艺节目等。另一些如法律类、家电维修、计算机维护、环保类的学生社团，也常走上街头，免费为广大市民服务，进行有关知识宣传。学生社团的社会服务功能对建设和谐社会，加强社会主义精神文明建设起到了重要的作用，学生社团也在社会服务过程中体现了价值，完善了自身的发展，是一种“双赢”的互动过程。

6. 构建和谐校园的功能

大家知道，大学生思想活跃，精力旺盛，富于理想和探究精神；同时从管理的角度看，学校作为管理者与被管理者学生又是一对矛盾，这无须回避。一方面，丰富的社团活动为学生发展提供了广阔的空间，满足了学生自主学习和发展的需要，有利于学生产生成就感，从而减少了与校方的矛盾。另一方面，大学生所具有的归属感和认同感也是学校和谐发展的一个基本前提。大学生在社团活动中，可以找到自己的志同道合者，通过建立良好的人际关系，增强其在学校的归属感和认同感，从而缓解某些心理压力。同时，学生社团又是处在学校与学生之间的学校中的“民间组织”，也是学校管理学生的中间层次和衔接点，可以通过“双向服务”，来协调学生与学校、学生与老师、不同专业的学生与学生之间的关系，从而推进和谐校园的建设。

大学是年轻人向往的地方，也易让年轻人产生诸多的困惑。大学生已由未成年人变成了成年人，他们不再像中学那样在家长、老师的严格“监护”下蜷缩在狭小的课堂，而是开始自由地飞向社会的天空，他们时而盘旋，时而起伏，各自在努力寻找着自己的目标。正由于他们刚开始真正迈向社会处在人生的转折点上，容易产生“彷徨”，甚至误入“歧途”，所以“自由”与“困惑”并存是当代大学生的一种生存状态。“自由”主要表现在当代大学生有充裕的闲暇时间，可利用的受教育的时间资源非常丰富。近些年，在强调以人为本、尊重个性和自主发展的教育思想影响下，很多高校都优化调整教学内容，大幅度地压缩了教学计划中的课时数，以体现学生自主学习、自主发展的新理念。根据教育部有关文件精神，在四年制的本科院校教学计划中，文科一般为 2500 课时左右，理科一般是 2600 课时左右；在三年制的专科学校教学计划中，文科一般为 2000 课时左右，理科一般是 2100 课时左右，甚至更少。平均每周约 20 节课（即每天 4 节），而且每节课一般是由原来的 50 分钟降为 45 分钟。同时随着教学方法的改革和现代化教育技术手段的广泛应用，也大大提高了课堂教学效率，从而相对增加了学生自由支配的时间。另外，每年学生在校学习期间还有约三个月的“双休日”和法定假日（另有近三个月没有作业的寒暑假）。所以，大学生可自由支配的课余时间是比较充裕的。“困惑”主要表现在大学现有的体制和教学模式不能满足个性化教育和培养复合型人才与全面发展人才的需要。如上课的班级规模大了，教师上课少了，师生接触的时间更少，难以实施个别化教学；想学的专业学不了，不想学的又不得不学，产生专业困惑，不能有效调动学习的积极性；随着社会就业的压力不断增大，非专业就业越来越多，易使大学生们产生“浪费青春时光”的痛惜。所以，大学生的培养仅满足于课堂是远远不够的，必须重视课堂以外的教育时空。应充分利用大学的资源（包括时间资源和社团的教育资源）让每个学生在人生最精美的这段大学生活期间都得到应有的发展，而不至于抱怨和悔恨终身。充分利用和发挥大学生社团的教育功能，不仅是大学管理者的责任，也是大学生们自己的任务。

第三节 大学生社团影响因素分析

一、社团发展内部影响因素分析

1. 社团文化传承

社团文化是良好的工作习惯、工作作风或管理方法被骨干成员普遍认同而在协会里得到强调和推广，经过长时间积累而形成的实际存在的并属于精神领域的社会意识形态，是一种独特的组织文化，其对社团的发展起着凝聚、激励、调适、辐射的功能。这种文化具有稳定性和传承性，不因领导层的更替、参与者的改变而改变。具体涵盖社团理念、社团制度、社团历史与社团愿景等。

社团理念是社团文化的核心概念，表明社团的结构和功能定位，指引着社团的轨迹。发展良好的社团，所有的目标都围绕着社团理念进行，社员培训及活动都会以社团理念为核心，而发展不好的社团则没有社团理念或社团理念经常变换，时刻变迁，发展呈现无序盲目状态。社团制度是全体社员必须遵守的行为准则，其将社员入团方式、行为表现、参加活动、奖惩考评等进行明文规定，明确人与人之间的分工和协调关系，规定各部门及其成员的职权和责任。发展好的社团制度建设健全，分工明确，而发展欠佳的社团在制度建设上不规范，经常出现无章可循或有章不循的现象。社团历史则是社团传统的积淀。优秀历史、辉煌成绩能使社员以加入该社团为荣，增强凝聚力和吸引力，并且这些对社团有自豪感的社员不易流失，能成为社团历史的延续者和传递者，使社团进行良好的可持续发展。社团愿景指引着社团发展的更高层次，介乎于信仰与追求之间，概括了社团发展的未来目标、使命与价值等。发展好的社团目标明确，借助愿景有效培育和鼓舞社团内部所有人，激发个人潜能，为实现目标而共同奋斗。

2. 社团活动质量

我们可从是否符合社团文化、活动创意性、活动知名度与美誉度、活动连续性来衡量社团活动的质量。社团的活动围绕着社团文化进行，举办有特色的活动是吸引社员参加、保持社团发展的重要因素。大多数学生社团都倡导要开展与本社团文化相符合、具有特色的活动，将社团文化发扬光大。但是，仅仅单纯为了活动而开展的活动，往往得不到社员的认可，操作过程重视形式而忽略内涵，这样社员参与率很低。因此举办特色性的社团活动至为关键，活动创意构成社团发展的重要因素。活动知名度与美誉度是社团活动质量的直接体现。知名度越大、美誉度越高，社团越有名气和口碑，更能促使社员心向往之。社员参与得越多，社团发展越好，因此大规模活动成为社团能力和生命力的展现。活动的持续性和长期性同样影响着社团的发展，如果不举办活动或是临时性拼凑活动，社员不易养成定时参加活动的习惯，很容易造成社员的流失，不利于社团的健康良性发展。

3. 社员参与态度

态度表明一个人从心理上对其工作的认同程度，以及认为自身绩效水平对自我价值的重要程度。参照弗里德曼对态度的界定，我们认为参与认知、参与情感、参与倾向构成社员参与态度的“三驾马车”。社团参与认知是社员参与态度的最重要因素，是社员对于参加社团所持的想法。社员认为社团能提高社会适应性、获得知识和技能等，认为参与活动能给自己带来许多有益和锻炼，就会积极地参与社团事务。而参与情感是参加社团后，社员对社团所产生的情感和评价。培育社员参加社团后的归属感、自豪感，营造社团大家庭的温暖能为社员参与社团带来巨大动力，在很大层面上决定了社员是否继续愿意参加社团活动。社团参与倾向是社员参加社团后，面对社团事务所具有的行为表现的倾向。社员如果有为社团服务、做事的意向，则是对社团责任感的重要表现。这种意向代表着社员不仅是活动的参与者，更是社团活动的策划者和组织者，使社员与社团的互动更加深入，深入互动更能把社员紧紧地稳在社团中。

4. 社团领导层的领导力

管理学上认为高层管理团队与公司绩效呈正相关，与之类比，社团的管理团队——社团的管理层也与社团的发展息息相关。一个好的学生社团发展离不开强有力的决策层和管理层。领导层的领导力包含了宏观决策、管理行为和个人品质三个范畴的内容。具体可从明确目标、专业分工、策划力、执行力、责任心、协调力六个方面衡量。社团领导层需要有明确的工作目标。工作目标是努力的方向和指针，起着灯塔的作用。领导层必须确立明晰的组织结构，分工协作，职责分明，大家合作融洽才能有助于社团的进一步发展。现实中，发展不好的社团往往内部结构不清晰，做事缺乏统一调度和指挥，这对社团的发展极其不利。策划力是策划活动的能力，活动的构思往往来自于领导层，策划完备、创意新颖的活动是社团蓬勃发展的关键，能吸引社员广泛积极地参与。在此策划力的基础上，领导层带领社员去付诸实践的能力就是执行力，没有执行力，活动创意再好也无法实施，因此，社团领导层的执行力是影响社团发展的重要因素。协调力同样关键，社团的存在需要处理好多方面的关系，社员之间的关系、社团之间的关系、学校的关系、与指导老师的关系等，所有的关系都要协调好，在开展活动时，各个部门的通力合作需要领导层的协调活动。由此可见，领导力是一门综合的学问，是一种有关前瞻与规划、沟通与协调、真诚与均衡的艺术。

二、社团发展外部影响因素分析

1. 场地和活动经费的匮乏

由于社团属于自发性、非营利性组织，因此学生社团经费几乎没有任何来源，社团众多，学校很难给社团的发展提供充分的资金支持。有的社团活动资金来源于会费、社员集资或是采取到社会上拉赞助、为企业做广告宣传、推销产品等方式，商业化性质趋浓，原本的社团文化宗旨渐远。社团活动场地受限，绝大部分社团没有相对固定的活动场所，或者在申请活动场地时遇到问题，这给社团日常活动开展也带来相当大的困难。

2. 师资资源支持的不足

大学生社团强调学生的自我教育、自我服务和自我管理，但限于主体的特殊性，很多社团自我学习、发展的能力有限，迫切需要学校在智力资源上进行扶持。但现在很多高校在社团的管理上还存在很大空白，有的虽然明确了指导老师，但对指导教师的责、权、利缺乏明确的规定，无法充分调动指导老师的积极性。另外，高校教师自身也承担了大量的科研与教学任务，分身乏术很难尽心尽善地指导社团工作。

第二章　大学生社团发展历史沿革

事物的发生、发展是一个普遍的自然规律。一切事物，只有经过一定的发展过程才能实现自身的发展提高。自然界、人类社会和思维领域中的一切现象都是作为一个过程而向前发展的。大学生社团在高校中占有着重要的地位，对社团发展情况进行调查，探究社团发展规律，总结其发展经验和教训，引导社团沿着正确的方向发展尤为重要。本章围绕着社团发展这一中心展开论述，并就有关问题进行深入探究，希望对社团的发展有一定的借鉴意义。

第一节　美国大学生社团的历史与发展

美国是世界上大学数量最多的国家，拥有诸多顶尖级水平大学，其高等教育水平雄踞世界之首。同时，美国也是一个崇尚结社的国家，拥有世界上最多的高校学生社团。美国高校学生社团起源于 18 世纪中后期，其早期的高校学生社团大多只是大学生用以打发课余时间、扩大社交并带有享乐性质的组织，并没有在育人功能方面发挥太大作用。正如哈佛大学曾任校长德雷克·博克所言：“在许多本科生看来，大学并非接受智力训练的场所，而是追求社交、享受生活的托词。”然而，美国高校并没有对学生社团的发展听之任之、放任自流，而是不断规范学生社团成立、审批及管理制度，对其进行及时、正确、有效地引导，形成了一套比较健全又颇具特色的社团管理体系。美国高校积极鼓励和支持学生社团的发展。因而较之于其他国家，美国高校学生社团数量更多、种类更全、活动更丰富。同时，美国高校高度重视学生社团对大学生自身专业发展、个人综合能力培养以及就业技能提高等方面的作用。美国高校培养出的诸多政界、商界、科技界的佼佼者都曾是学生社团活动中的积极分子，如肯尼迪、尼克松、希拉里、卡特等。

美国高校学生社团起源较早，可追溯至北美殖民地时期。美国高校学生社团伴随美国高等院校的发展而发展，可以说美国高校学生社团的发展史基本上就是美国高等院校的变革史。通过对美国高校学生社团发展历程的考察与梳理，旨在厘清其在不同发展阶段的发展状况及特征。从 18 世纪初至 21 世纪初的 300 多年里，美国高校学生社团大致经历了初创起步、稳步提升、动荡发展及全面繁荣四个阶段。

一、初创起步阶段

1. 社会背景分析——“替代父母制”教育模式的影响

从 1636 年开启的北美殖民地时期到 1860 年美国内战前夕，美国高等教育的发展处于以“学院”命名的开创时期。美国效仿英国牛津和剑桥，建立起旨在培养牧师和公职人员的学院，其中，1636 年建立于波士顿的哈佛学院标志着美国高等教育的开端。这一时期，学院招生规模小，学生年龄也普遍偏小，因而整个 18 世纪美国高等院校基本沿袭英国“替代父母制”的教育模式。通过对学生进行文雅教育、宗教熏陶以及清教主义教育，从而对学生的学、思、食、住、行等方面进行管理与规范。在此教育模式下，学生之间难以形成小团体，因而更谈不上其在学院发挥的作用。

18 世纪末，美国开始了“西进运动”，为美国高校的发展注入了新的活力。诸多小型学院在美国西部建立，在课程设置和管理模式上仍然延续着殖民时期的传统。然而，经济的发展促使私人和商人在大学董事会成员中的比重得以提高，宗教人士的比重相对下降。另外，随着德国大学制度传入美国，逐渐受到美国的推崇，自然学科对传统的古典课程发起了严峻挑战，美国逐渐改变其以宗教为中心的教育理念。同时，处于青春叛逆期的学生致力于追求自由，极力挣脱“寄宿制”对其的严重管制与束缚。在此背景下，美国大学涌现出一系列文学社、辩论社等组织。校方担心此类组织对上帝权威与教会权力造成威胁，故而以其不利于学生思想与人格发展为由对社团进行大力阻止甚至取缔。因此，这一时期的社团具有“秘密性”特征。

2. 早期学生社团的出现

随着在校学生的增长以及自由、民主思想在北美殖民地的传播，美国院校的学生对文学交流和演讲表现出极大的兴趣与热情，兴起了一股文学潮。1701 年，美国最早的高校学生社团——文学社团 (Literary Societies) 在耶鲁大学得以成立，而后，哈佛大学、普林斯顿大学也相继成立了一些文学社团，其中以耶鲁的 Lionian 和哈佛的 Speaking Club 最为知名。这些社团平日里搜集文学及史学知识，并在教师的指导下进行文学演讲与辩论等活动，不仅丰富了学生的业余生活，而且也积极引导着学生的发展。耶鲁大学毕业生、哥伦比亚大学曾任校长巴纳德(F. A. P. Barnard) 说："我在耶鲁大学文学社团中所获得的写作和演讲经验比我在耶鲁接受的其他任何训练都更有益。"

18 世纪末至 19 世纪中叶，以文学交流、演讲、辩论等活动为主的社团发展活跃，而非学术性社团仍然受到校方的严格控制，因为受德国教育模式的影响，美国主要院校重点关注学术发展，很大程度上排斥学生的课外活动。因此，学生只能以秘密形式来组织社团，许多以希腊文字命名的社团相继出现，如 1776 年成立于耶鲁大学威廉玛丽学院最早的兄弟会——"菲贝卡协会" (PhiBeta Kappa) 以及 1870 年成立于迪保尔大学的"姐妹会"等。而后，其他高校学生也竞相成立秘密社团，名称上五花八门。在这些秘密社团中，最为出名的当属"骷髅会"。受精英治国论的影响，耶鲁大学学生威廉姆•拉塞尔留学德国回国后于 1832 年建立了此社团，旨在帮助社团成员实现自己的精英梦。"骷髅会"成员选拔相当严格，往往是表现优异者或具有良好社会背景之人，而且"骷髅会"机制成员将立誓不得泄露关于该会的任何机密。自成立的 180 多年以来，"骷髅会"为美国白宫、国会、最高法院、中央情报局以及各研究机构、金融行业、媒体行业等领域培养了大批社会精英，其中最为出名的会员当属包括布什父子（布什祖孙三代都是"骸髂会"成员）在内的 3 位美国总统。

3. 学生社团的特征

美国的早期院校主要是具有宗教性质的"教养"机构，学生社团带有浓厚的清教主义色彩，其规模较小，活动形式也有限。至 18 世纪下半叶，随着政治的独立与经济的发展，美国学生规模有所扩大，学生的自主性也不断增强，出现了许多秘密社团。这些早期学生社团虽然规模尚小，但迎合了学生的需要因而具有强大的生命力，许多社团一直延续至今，在造就美国校园文化中具有重要作用。概括而言，初创时期的美国高校学生社团具有以下特征：

（1）组织的自发性。受早期"替代父母制"以及后来德国教育制度的影响，美国院校对学生的学、思、食、住、行等进行严格的管教，并且集中关注学术发展而排斥学生课余生活。学生自发组织成立社团，不仅是对美国院校严格管制的抗争，更是对文学的爱好以及对自由的追求。

（2）存在的“非法性”。在严格的教育与管理体制下，美国校方认为社团扰乱了学校的管理秩序，不利于学生的人格培养，因而否认学生社团存在的合法性，并试图阻止与取缔学生社团，但成效甚微。

（3）管理的无序性。由于尚未取得存在的合法性前提，大多数社团只能秘密进行活动，更谈不上经费、活动场地的保障以及专业有效的指导。在组织、管理上也存在较大漏洞，各社团之间往往各自为政，缺乏交流与沟通，处于一种松散、无序的状态。

（4）强大的生命力。尽管早期学生社团没有得到官方认可，并且受到无情的阻止与打击，但是因其满足学生的广泛需求而得以生存与延续。早期学生社团以其强大的生命力不断发展壮大，一定程度上促进了美国高校的发展。

二、稳步提升阶段

1. 社会背景分析——高等院校的发展及学术自由思想的确立

美国内战期间，美国国会出台了《莫雷尔法案》，这一法案促使了大量赠地学院的诞生，美国高等教育开始得到政府的大力支持。同时，高等教育开始了由学院到大学的转型期，科学研究与社会服务成为高等院校的重要职能。另外，伴随德国高等教育理念的传播与推广，美国国际教育备受院校的关注，加速了美国高等教育自由观念的发展以及教育的全面开放。在此背景下，美国高等教育发生了重大变化。

第一，美国高等院校的数量与规模不断扩大，各院校的生源数量也不断增长。如耶鲁大学新生入学的人数由 1860 年的 649 人增长为 1900 年的 2642 人，而到 1945 年则达到 5080 人。又如 1904 年，威斯康星州拥有 250 万人口，而每年有五六千名学生进入威斯康星大学学习。伴随高校学生数量与年龄的渐长，高校学生对自主自愿组织课外活动提出了更高的要求。虽然耶鲁大学在 1880 年曾明令规定大一新生不得组建与参加学生社团，但学生进行大规模的游行以示抗议。

第二，美国院校更加关注学术研究的发展。校方逐渐放松了对学生社团以及学生课外活动的控制，教师也将工作重心从学生的食宿、行为等问题转移到教学及科研问题，这就为高校学生社团的发展提供了一定空间。

第三，学术自由思想的逐渐深入人心，其重要地位得以确立。德国柏林大学、洪堡大学的学术自由思想备受美国的欣赏并推崇，对美国高等教育产生了深远影响。德国哲学家弗里德里希·施莱尔马赫(Friedrich Daniel Ernst Schleiermacher)曾指出:“大学的目的远非记忆力的训练以及简单的学习，而在于唤起学生全新的生活和一种真正的、高尚的科学精神……而唯有在完全自由的环境中方能实现此目标。”在此影响下，美国于1915年成立了“美国大学教授协会”(AAUP),并起草了《关于学术自由和教授终身任期的报告》,这标志着美国以制度化的方式确立了学术自由思想的地位，为美国高校学生社团的组建与发展提供了较为宽松的外部环境。

2. 主要学生社团及其发展

为了有效应对美国高等教育领域的新变化，美国院校开始将学生事务工作作为一个专门的领域加以管理。与此同时，校方逐渐认识到社团在吸纳学生过剩精力、减少学生违纪行为以及培养学生良好的公民素质方面具有积极意义，遂停止对学生社团的严厉打击，开始鼓励学生以正确的方式参与有益的社团活动。

这一时期,秘密性社团继续发展,继“骷髅会”之后,成立了“猫头鹰协会”“挂锁协会”“斧头和棺柩协会”以及“毒蛇协会”等秘密社团，而“兄弟会”“姐妹会”则逐渐发展成为美国高校广泛存在的公开性社团。另外，这一时期的公开性社团也得到快速发展。学生社团已不再局限于文学社团,各院校纷纷建立体育馆,鼓励学生进行体育竞赛，学生社团逐渐向体育竞技类、戏剧表演类社团延伸。与此同时，学生社团的自治程度也逐渐提高，其标志就是“学生政府”的形成与确立。“学生政府”的最初形式是一些自发的学生自治团体。1887年加州大学成立了旨在促进学生之间交往的学生自治团体。1899年，加州大学又创建了旨在为学生提供服务的加州大学学生联谊会。1896年，全美第一个正式的“学生政府”在宾夕法尼亚大学成立。之后，各院校均纷纷成立了类似组织行使其职责，作为代表与校方谈判，为学生争取利益以及参与学校事务的管理等。1905年，美国部分高校的学生社团联合组建了“校际社会主义者协会”(ISS)；随后，美国常青藤和中西部分高校联合组建了一个较为激进的社团“青年知识分子组织”(YI)；1901年，哈佛大学又成立了国际大学生社团联合会。这些组织的出现，标志着美国高校学生社团不断发展成熟，成为自我管理、自我服务的自治性组织。

3. 学生社团的特征

这一时期的学生社团，不仅逐渐摆脱校方的严加控制，更通过校内、校际之间的联合而成为广泛的组织，取得了较为显著的进步与发展。

（1）社团取得“合法”地位。为争取自由活动的权利，学生与校方、教师进行了长期的抗争。高等教育领域的新变化也促使学校开始肯定学生社团在培养学生公民素质方面的作用，进而逐渐认可学生社团存在的“合法性”，并对其进行一定的支持与引导。正如有学者所言：“纵观历史，高等院校总是不把学生本人看作当事人。然而，学生社团的发展成熟促使学校不得不重视学生作为当事人的身份，而后学生便以‘公民’的身份进入了学校。”

（2）社团发展趋于成熟。在自由、宽松的外部环境中，美国高校学生社团得到充分发展，其内部管理及规章制度日趋完善。另外，不同区域范围内的学生社团通过广泛的联合，形成区域性或全国性的学生组织，作为学生代表向校方争取学生利益并参与到学生事务管理之中。这不仅提高了学生社团的自治程度，还扩大了学生社团的影响力，也吸引了更多的大学生聚集在社团周围。

（3）社团趋于社会化。这一时期，服务社团成为美国高校办学宗旨的一大特色，学校开始走出大学的“围墙”，与社会的联系愈发紧密。因此，高校学生社团也超越交友、娱乐的范畴，积极投身到改革、政治以及慈善等活动当中，成为连接美国高校与社团的重要桥梁。

三、动荡发展阶段

1. 社会背景分析——大众化时期的躁动

“二战”以后，美国高等教育领域发生了新的变化，开始进入大众化发展阶段。这一时期，大量退伍军人获得进入大学深造的机会，促使美国公立院校的人数激增。据统计，全美大专院校在校学生由 1945 年的 160 万人发展到 1967 年近 600 万人。学生多样的类型、跨度较大的年龄、参差不齐的教育程度，使学的发展呈现前所未有的变化，众多社区学院和职业技术学院也随之产生。高校日益膨胀的学生规模与相对缺乏的教学资源出现矛盾，给学生造成极大的学业压力及就业压力。受此影响，学生较多地把时间与精力集中于个人学业与事业发展之上，因而这一时期的学生社团活动相对沉寂。

20 世纪 50 年代美国出现激进势力，但遭到镇压。之后，美国整个社会显得安静、冷漠，高校校园的各个角落都弥漫着沉闷、保守、枯燥、乏味的气息。至 60 年代，高校大学生厌倦了这种长期看不到希望的生活，加之对环境污染、资源紧张、贫富差距以及战争威胁等社会问题愈加不满，终于抱着变革社会的雄心而奋起反抗。学生运动随即爆发，很快便席卷全国，而高校学生社团在此次学生运动中扮演着相当活跃的角色。到 70 年代，美国各阶层开始深入反思各种社会问题，学生运动亦趋于平静，部分学生社团随之解散。加之美国社会严重的经济压力以及高校培养人才这一主要目标的导向，学生参与社团活动的积极性相对弱化，社团发展再次进入低迷期。

2. 文学反叛社团与激进学生社团的出现

20 世纪 50 年代出现的文学反叛社团真实反映了美国“垮掉的一代”，他们以怪异的小说或诗歌等文学体裁对美国当时的社团文化进行批判与攻击，以毒品、流浪等极端方式来追求自由、张扬个性。其代表人物主要有金斯伯格、克鲁亚克、伯罗斯等，他们组建了一个极度反叛文学的社团。50 年代后期，已考取伯利克大学的研究生艾伦 · 金斯伯格 (Allen Ginsberg) 创作了《嚎叫》一诗，该诗的创作手法与当时盛行的手法完全不同，以一种疯狂的、鼓舞性的呼声向华丽外表的腐化社会进行抨击。该诗一经传诵，便受到当时美国大学生的极度欢迎与追捧。之后，杰克·凯鲁亚克 (Jack Kerouac) 的《在路上》以及威廉·S. 巴勒斯 (Villiam S. Burroughs) 的《赤裸的午餐》等作品相继出现，掀起了一股反叛文学的浪潮。

20 世纪 60 年代，高校学生社团在席卷全国的学生运动中相当活跃。例如，哈佛大学于 1960 年率先成立了“争取民主社会学生组织”(SDS), 在 60 年代的学生运动中充当领导角色。该组织鼓励大学生积极参与反对种族歧视、反对越南战争等运动。其他高校学生社团也紧随其后，积极投身到这场运动浪潮中。1964 年加州大学伯克利校园爆发“自由言论运动”，而多达 22 个学生社团参与了此运动。60 年代末，学生运动中还出现诸如“四月部落”“气象员”“傲鹰部落”等具有暴力倾向的学生社团，它们频繁制造暴力事件，引起人们的反感。

3. 学生社团的特征

伴随美国高等教育以及社会政治气氛的变化，这一时期美国高校学生社团经历了沉寂、爆发、低迷三个阶段。总体而言，这一时期的学生社团在学生运动中发挥了重要作用，具有以下明显特征：

文学反叛社团充当先导，继而嬉皮士文化以及黑色幽默文学在很大程度上解放了学生的思想。

20 世纪 60 年代，以学生激进运动为己任的学生社团大量涌现，成为一股势不挡的力量。

伴随学生运动的发展，全美逐渐形成了一个具有全国性影响的学生运动中心，即哈佛大学的“争取民主社会学生组织”(SDS)。

学生社团斗争目标上出现了分化，由激进主义转向暴力抗争，一些具暴力倾向的社团曾在美国大型公共场所制造多起爆炸事件。

四、全面繁荣阶段

自20世纪90年代以来，伴随经济全球化及多元文化的发展，美国社会环境及高等教育的大环境均得到较大改善，学生的自治权利进一步得到保障。1991年，美国国会通过《学生知晓权法案》，以法律形式肯定了学生对校内各事件及信息拥有知晓权；1993年，美国政府又出台了《国家及社区服务信任法》，旨在鼓励学生社团积极参与社区服务，提高大学生的公民责任意识与服务意识。这些法律的颁布与实施，使各高校出现众多以社区服务为主要内容的学生社团，学生社团从之前的沉寂、低迷状态中逐渐复苏与活跃起来。从以上论述中可以看出美国的学生社团发展主要有以下几个主要的特点：

（1）历史悠久，社会影响力大。综观西方社会，各个阶层、不同教派的成年人和青少年都热衷于参加社会团体及各种组织，社团名称五花八门，而且发展史悠久。例如美国，社团组织形成可追溯到殖民地时期，到18世纪后半期，学生中开始出现学生自发组织的文学社团。19世纪，社团逐渐成为学生课余社交的重要途径，人们开始认识到，课堂教学并非大学教育的唯一途径，社团活动对培养学生良好的公民素质大有裨益。20世纪二三十年代，受实用主义教育思潮影响，学术研究与课外活动并驾齐驱，被认为是“完整的教育”，学生社团迅速发展，并通过组织各种活动进行社会问题研究。在20世纪60年代美国震惊世界的校园运动中，学生社团在反对越战、反对种族歧视等运动中表现得异常活跃，越发得到社会的重视和认可。国外社团由于起源早、发展充分，人们无论在学校还是出了社会，总能找到自己喜欢的社团。因此，无论青年学生还是成年人，都会积极踊跃地参加社团。广泛的人脉、丰富的资源，又促进了社团发展，由此不断形成良性循环。在美国大学培养出的众多政界、商界、科技界领军人物中，大多数都曾是学生社团活动的积极分子，如肯尼迪、尼克松、希拉里、卡特等。

（2）机构健全，管理专门化。经过漫长发展，国外学生社团在管理方面不断趋于完善，并形成了自己的特色。在澳大利亚，大学生社团普遍实行自我管理模式。如悉尼大学学生社团的申请成立和日常监督管理都由学生会来完成。学生会运营的基础是发行学生卡，学生卡每张每年99澳元，学生自愿申购。学生凭此卡在学校里学生会经营场所(银行、餐饮店等)消费或进行各类文体活动，并可以享受诸多折扣和会员服务。同时，还可以享受一些志愿服务项目和勤工助学信息服务等。学生会每年按照每个社团会员持卡的多少来分配活动经费。在美国，大学生社团的管理工作完全依据国家法律和学校规章制度，程序相当规范严格，并且有极高的透明度。如哈佛大学文理学院生活委员会 (The Committee on College Life) 总体负责学生社团的成立审批及日常管理。哈佛大学还专门制定了《大学生社团管理规则》(Regulations For Undergraduate Organizations), 并在学校网站上建立了专门的学生社团成立电子注册系统 (Student Registration System)。同时，美国高校非常重视学生工作队伍建设，从事大学生社团与文体活动管理的工作人员，大多是在教育学、心理学、精神病学等方面拥有硕士学位、博士学位的专家。专家化的工作队伍，是美国高校学生社团发展强有力的保障。

（3）活动经费充足，财务监督系统化。为鼓励学生社团发展，国外政府和社会都非常重视在经费上给予支持。学生社团的活动经费来源主要有学校拨款、会员缴纳的会费和企业赞助。此外，学校允许社团开展经营性项目，拓展资金来源。如哈佛大学允许学生社团在校园内经营商店、餐厅、理发店、书店等，所得收入全部免税作为社团活动经费。学生社团还可以通过广告、门票、征收服务费、收取房屋租金等创造收入。悉尼大学学生社团的经费主要由学生会提供，学生会通过经营校园内的银行、餐饮和各类零售服务等，每年给每个社团的最高拨款可达到 5000 ~ 7000 澳元。由于规模庞大、经费充裕，国外社团对经费使用的监管非常严格。哈佛大学《大学生社团管理规则》规定，社团的任何收入都不能为社团中个人所得。社团指导教师要参加学生办公室主办的社团财务管理培训班。社团每年要向学院院长办公室提供一份详细的财务报告，并接受财务审核。悉尼大学社团章程规定：社团财产归属于社团董事会，直接由社团例会来处置。社团所有开支要通过支票，报销至少要有两名董事会成员签字，其中一人必须是社团财务官。财务官又有十条金科玉律，以防范财务上的道德风险。

第二节　我国大学生社团的历史与发展

社团在中国自古有之，其历史最早可追溯到先秦两汉时期。伴随着先秦时期私学的兴起，形成了百家争鸣的局面，诸子广收门徒，宣扬自己的观点，已初具学术团体的规模。在随后的古代历史发展长河中，各种各样的文学艺术社团、教育社团大量出现。如唐宋时期的“诗社”“吟社”“文会”，明代的文人社团都进行过较为频繁的活动。不过由于受到时代的限制，这些社团还具有较强的原始性和封建性。直到近现代社会，中国真正意义上的社团才开始出现，并在社会发展过程中发挥着不同的作用。

在中国现代大学百余年的历史中，学生社团曾经书写了重要的篇章。然而，在高校学生社团蓬勃发展的背景下，社会对学生社团的属性仍缺乏深刻认识，对学生社团的历史、地位、作用仍缺乏全面了解。这在客观上影响了学生社团的发展，限制了学生社团功能的发挥。通过历史的分析，梳理中国高校学生社团的历史发展变迁，归纳在不同历史阶段学生社团的性质和功能，这将是新时期重新定位、管理、引导学生社团的基础。在高等教育大众化继续推进，大学生群体日益壮大的条件下，正确认识学生社团的性质、功能，对于充分发挥学生社团功能及构建和谐校园具有十分重要的现实意义。为了加深对大学生社团的了解，进一步发挥其思想政治教育功能，需对中华人民共和国成立后大学生社团的发展脉络进行梳理。

一、萌芽初创期

中国高校学生社团的发源地是 1896 年建立的南洋公学 (今上海交通大学) 以及 1898 年建立的京师大学堂 (今北京大学)。这两所大学均是中国最早自主创办的官立大学。1902 年，上海南洋公学学生因抗议校方压制学生言论自由而退学，爆发了全国首次学生退学风潮，退学的学生在蔡元培及吴稚晖等人的帮助下，于 1902 年 11 月 16 日在南京成立了“爱国学社”，使得退学的学生可以继续完成学业。学社学生成员思想活跃，不仅编印了杂志，还以“国民公会”的名义宣传资产阶级民主革命，并参与学潮，倡导革命，在爱国运动中均有比较突出的表现。

1903 年，日俄战争在中国爆发。京师大学堂学生丁作霖对于列强侵略中国以及清政府的软弱无能非常愤慨，联合了其他同学于 1904 年初在奉天发起成立了“抗俄铁血会”，通过集会、演讲、办报、发传单等方式抗议和声讨日俄在东北发动战争，侵略中国的罪行。

虽然“爱国学社”较“抗俄铁血会”成立较早，但其主要活动内容是学习，且是由退学在外的学生组成，不是严格意义上由在校学生自主建立的社团。因此，由丁作霖发起组织的“抗俄铁血会”可以说是中国高校第一个由在校大学生发起组建的真正意义上的高校学生社团。

由此可以看出，高校学生社团的萌芽起始是基于当时动荡不安的时局，高校学生社团的主要功能是聚集学子进行一系列的爱国运动，社团的成立主要是为了革命救国，对于学生自身职业发展的促进作用并无过多的显现。

二、动荡发展期

1919—1949 年，中国高校学生社团进入了动荡发展阶段，这一时期的前两年，高校学生社团发展迅速，此后高校学生社团则发展平稳。

1919—1920 年，中国经历内忧外患，各种思潮涌动，康有为、梁启超、谭嗣同、孙中山、宋教仁等新型知识分子群体在这一时间建立了许多社团或政党，虽然目标并不一样，但综合来看，其建立的核心目标都是学习西方先进知识文化。

这一时期高校学生社团得以发展繁荣，北大校长蔡元培功不可没。蔡元培先生对学生社团的扶植重视思想，是五四运动前后高校学生社团繁荣发展的最主要原因之一。至今北京大学学生社团的数量及种类之多，社团活动内容之丰富，都是北京大学的一大特色。

五四运动到中华人民共和国成立前夕这段时间，中国社会又经历了北伐战争、抗日战争及抗战胜利后的人民解放战争。在此期间，中国共产主义青年团于 1920 年 8 月，中国共产党于 1921 年 7 月先后成立，各高校学生联合会等学生组织也相继成立，高校学生社团呈现出蓬勃发展之势，但在随后的军阀混战时期，北洋军阀对于学生运动进行了镇压，北方的学生团体受挫严重，仅以高校学生为主的社团活动难以继续进行。此后，国民党成为执政党，但依旧视学生社团为不稳定的重大因素之一，对中等以上学校的学生团体进行了镇压，并且严令学生团体及个人不许与社会联系接触。综上，这一历史阶段中国高校的学生社团虽然处于一个动荡的状态，但总体来说还是有所发展的。

综观这一时期高校学生社团的特点，可以发现，社团的种类与功能逐渐丰富，学生的兴趣爱好等也成了社团成立的主要因素，高校学生社团不仅具有政治上的革命救国的作用，还具有发展学生兴趣爱好、提升学生各方面素质能力的作用。

三、调整改造期

1949 年 10 月中华人民共和国成立后，我国的政治、经济、教育等各方面都发生了根本性的变化，党开始对社会各方面进行社会主义改造，巩固新政权。在对高等教育事业的改造中，除了对院校进行调整，建立高度统一的高教体制外，还在校内开展了“思想改造和组织清理工作”，对校内的学生社团组织进行调整和改造。对不符合社会主义价值要求的大学生社团进行了取缔，对其他社团按照社会主义原则进行了调整和改造。1956 年三大改造的完成，标志着我国进入全面建设社会主义的新时期。为了丰富大学校园文化，开展党的思想政治教育工作，学校对学生社团加大扶持，从而学生社团开始复苏。此时，其在活跃校园文化、促进党的思想政治教育宣传等方面有重要作用。但是，从中华人民共和国成立至“文革”前我国高校学生社团的整体情况看，社团的数量较少，自主性较小，且具有很强的政治性，这在一定程度上影响了社团的发展。

四、重创停滞期

1966—1976 年“文革”期间，我国的高等教育遭受重创，故大学生社团失去了其成长的土壤，也陷入全面“瘫痪”的状态。这时期社团数量急剧减少，活动停止，仅剩的政治性社团也因参与者的被动而变得名存实亡。该时期，我国大学生社团几乎处于停滞状态，是新中国成立后我国大学生社团发展的最低潮时期。

五、恢复重建期

“文革”结束后，1977 年高考恢复，1978 年党的十一届三中全会召开，我国进入了改革开放的新时期，高等教育事业也迈入了正轨，大学生社团也迎来了春天。高考制度中断了十年，所以在刚恢复后的几年，大学生在年龄、社会阅历、文化层次上都有很大差距，因此原来单调、集中统一的社团模式已不能满足他们的需求，加上 20 世纪 80 年代初“解放思想，实事求是”的社会大环境，大学生们开始大胆、自发地组织各种类型社团，不但有专业型、政治型的社团，还出现了展示学生个性的文体类、实践类的社团。1981 年全国学校思想政治教育工作会议在北京召开，会议宣布对学生进行思想政治教育是一门科学，号召广大教育工作者总结经验、探索规律，逐步把这门学科建立起来，这时大学生社团也开始进入思想政治教育的研究范围，进一步加速了大学生社团的恢复重建。

六、探索发展期

随着 20 世纪 90 年代社会主义市场经济模式的逐步确立、高校教育体制的改革，大学生社团在管理和教育中的作用日益凸显，大学生社团迅速发展起来，规模不断扩大。随后，国家也加大了对社团的引导和管理，1990年，国家教委发布《普通高等学校学生管理的规定》，明确规定了大学生社团需要服从学校的管理和指导。同期，教育部也多次召开关于加强和改进高校思想政治教育工作的会议。由于大学生社团日益成熟，其逐渐成为高校开展思想政治教育的重要载体。

1999年，国家明确提出了全面推进素质教育的目标，学生社团作为素质教育的重要渠道得到了空前的重视，大学生社团如雨后春笋般迅速发展起来，且在种类、形式和作用等方面都发生了较大变化。2001年前后，部分高校探索成立了大学生社团联合会，隶属学校领导，主要负责管理校内各类社团工作、为社团发展服务，进一步促进了社团的健康发展。

七、快速发展期

2004年10月，中共中央国务院发出《关于进一步加强和改进大学生思想政治教育工作的意见》，提出要引导和支持大学生自主开展活动，并加强对社团的管理和指导，还指出社团是开展思想政治教育的有效形式，要充分利用。自此，标志着大学生社团的发展进入新的阶段。2005年1月，教育部、共青团中央联合下发的《关于加强和改进大学生社团工作的意见》，指出了强化大学生社团工作的主要任务和总体要求，明确了大学生社团建设的重要地位。继中共中央、国务院、教育部、共青团中央一系列政策和意见的发布和实施，高校学生社团进入了发展的黄金阶段。大学生社团在数量、范围、类型等方面都呈快速上升趋势。由于社会对大学生素质要求的提高和竞争压力的增大，社团的性质也发生了很大转变，开始由理论转向现实，大学生开始建立实践性强、有实用价值的社团，如演讲、科技创新、就业指导等类型的社团。

新时期的大学生社团发展取得了较大成绩，但也存在许多困难和问题，如高校的指导和管理不到位、社团自身的管理不规范、组织活动品位不高，流于形式及社团运作的商业化等问题，都在一定程度上制约着社团的健康发展，需要大学生社团在未来发展中改善和解决。

第三节　大学生社团功能的历史性转变

学生社团在国外大学的发展具有相当长的历史，而在中国，高校社团的发展一直相当缓慢。新中国成立以后，社团才开始复活，学生社团也逐步发展并走向繁荣。近年来，学生社团主动适应高校改革和发展需要，根据社团章程的规定开展了丰富多彩的活动，在活动中服务学生、服务社会，扩大了社团的影响力，培养了学生的能力，取得了良好的效果。

目前，各高校都有许多类别的学生社团，社团的数量、规模、组织形式和活动方式也各有不同。高校学生社团的建立及其活动呈现出若干发展趋势。

一、从类别数量来看，由单一型向多元型扩展

在高校学生社团的发展过程中，其类型主要集中在政治类、学习类和文体类的社团，比较单一。但随着社会的多元化发展，大学生素质要求也变得更加多元化，高校学生关注的焦点也变得更加丰富，为了满足高校学生的多元化素质要求，高校学生社团必须突破传统的构架，进行创新及拓展，以便帮助大学生全方位地提升自我，体现人生价值。由此，高校学生社团的种类变得更加丰富，如政治方面以深入研究理论基础为基调的“理论研究会”，学习方面以培养科研创造力及动手能力为目标的“科研兴趣小组”，服务方面以传播精神文明、培养服务精神和能力为主的“志愿者服务”及“爱心协会”，实践方面以体验个人社会价值为趋向的“家教协会”“就业创业协会”等，由此应运而生。

二、从社团性质来看，由人文型向科技型深化

早期的学生社团主要注重的是人文知识和人文精神的培养及熏陶，主要满足校园文化的氛围营造。而随着当今社会的发展和进步，大学生们开始意识到将来他们不仅要灵活运用学到的科学文化知识，更重要的是需要具备发现问题、解决问题的科学研究能力。于是，高校中的各类科技协会、科研小组等学生社团活动广泛兴起。学术科技类社团的发展势头十分强劲。大学生们已不再满足高校学生社团单一的兴趣娱乐功能，而是将平时所学的科学文化知识融入社团活动之 中，不仅提升了学生社团的品质，还促进了自身的成长。

三、从活动区域看，由校园型向社会型拓展

高校学生社团所举办的社团活动以往都是以校园为主要内容和区域。但随着高校办学方式与社会的联系愈加紧密，高校学生社团同社会各方面建立广泛的联系是未来发展的一大趋势，社会各方面根据需要主动同相应的高校学生社团组织建立直接的联系也是一个大趋势。因此，高校学生社团的活动内容和方式不再局限于校园，其敏感的触角已伸向社会各个角落。一些高校的学生社团也在拓展运营途径，力图通过社会，以社会作为社团活动基地和发展重点以及社团运营经费

的主要来源。目前一些高校出现的学生社团组织与某些公司合作，由公司提供实践和经营机会而开展社团活动就是很好的典型。校企联合社团、志愿服务社团等学生社团，已经成为大学生与社会保持联系的一大载体，学校与社会相结合的学生社团正展现出愈加蓬勃的生命力。

四、从重视程度来看，由政治型向职业型转变

随着社会的发展，我国对外开放不断深化，大量的西方文化思潮和价值观念涌进国门，当代大学生在思想观念上受到了巨大冲击。许多大学生受社会不良风气的影响，贪图享乐、思想信念模糊不清，人生观、价值观均出现了偏差。鉴于此，加强和改进大学生思想政治教育变得尤为迫切和重要。在这一形势下，中共中央、国务院在2004年发布了《关于进一步加强和改进大学生思想政治教育的意见》，明确要求各高校要“依托班级、社团等组织形式，开展大学生思想政治教育”。学生社团对大学生进行思想政治教育的作用开始得到重视，各类政治思想理论学习型的社团开始蓬勃发展，如扬州大学的“三个代表”研究会，不仅是校级学生社团，在各院还设有院级的分会，院校两级社团共同开展活动，形成一个严密的思想政治教育网络，通过开展社团活动来引导和规范大学生的思想，提高他们的思想觉悟。

五、社团的地位和作用将日益突出

美国管理学专家彼得·德鲁克十年前在谈论中国社团时说：“四十年前，美国社会的主流仍然为政府及大企业所垄断。因而，那时，当我开始从事NPO工作时，在社会大众的眼里，它们不过是社会边缘的产物罢了。老实说，就连NPO机构自己也是这么想的。那时大家都认为政府不单对主要的社会工作责无旁贷，而且也无比胜任。至于谈到NPO机构的角色，就算有的话，也只是去辅助政府执行已经开办的计划，起拾遗补缺、锦上添花的作用。”如今，这些“社会边缘的产物”已成为“遍及全球的第三部门”。“几乎所有美国重要的社会运动，如民权运动、环境保护、消费者运动，妇女或保守派等，都扎根于非营利的领域。这一现象的增长确实引人注目，因为与此同时发生的是像选举、政党、工会这些更加传统的政治参与形式正在逐渐衰落。”美国的这种情况或多或少地可以反映出以社团为核心的第三部门发展的总体趋势。时任联合国秘书长安南在1997年9月向第52届联合国大会提交的工作报告中阐述的当前全球发展的八大因素中第五大因素即

是跨国性的社团的迅速发展，非政府组织的作用越来越大。在其之前的四大因素依次是：冷战结束后全球政治经济格局的重组；世界经济全球化；信息技术革命；生态环境的保护。

经过 20 多年的改革，中国政府转变职能后让出了一大块空间。市场活跃其间的营利性实体填补了这片制度空间的一部分，中国的社团占据另一部分非营利的空间。一些社团组织承担了许多政府办不了、办不好和不该办的事务。为了便于对外开放交流，党政部门也成立了一些具有民间身份的社团。因此，社团在经济、科技、文化，甚至政治领域的活动前景相当广阔，并日益成为社会公益事业、市场中介以及国际交流与合作的重要角色。

六、社团政治参与意识将进一步提高，参与的方式将实现从形式参与到有效参与的转变

社团虽然没有向社会强制索取资源的权力，没有与社会进行“钱权交换”的资本，但它能够与社会进行自愿的、平等的交换，通过满足社会的需要，赢得社会的认可，通过政治参与寻找利益表达的渠道，从而获取社团生存和发展所需的资源。随着经济力量的不断发展，社团在经济上的独立性增大。社团在经济上的独立性越大，社团的利益表达、政治参与的条件越丰富，能力越提高。

在整体性社会中，每一位公民被广泛地整合进单位、社区与国家发生连接，较多地体现了被动的形式参与。如今，社团特有的自愿性、民间性等特性赋予了公民自我意愿表达和自我权利维护的参与渠道，其实质是公民的有效参与。伴随着从形式参与到有效参与的转变，社团的动员能力也将进一步增强。中国有不少社团为政府决策提供了高超的方案。

七、将诞生一批有一定影响力的社团活动家、社团精英

社团是人办的，人才也必将从社团里走出来。社团具有丰富的集体资源和动员性力量，这一特性使得一些具有较大规模、较大影响力的社团精英正形成一定的影响力和资源动员能力。社团精英往往有着强烈的信念和执着的追求，并且将这种信念传递给社团成员乃至社会成员。从中国近代史上看，毛泽东是新民学会的精英，周恩来是觉悟社的精英。社团精英的行为和作用往往会在很大程度上决定或改变社团的基本走向。每个社团精英都具有不同的社会背景、社会资本和个人能力，但是对社会公益和弱势群体的强烈关注是成功的社团活动家的共同特征。一般来说，社会的弱势群体往往缺乏结成社团的能力，比如说，中国农民没

有农会，这使得为农民呐喊的声音显然比较微弱，以至于增加农民收入成为一个大难题。可这不等于农民没有结社的愿望。地上的不发达，地下的就涌动，比如，有的省份就出现了邪教组织，这应当引起足够重视。要研究如何实现包括他们内在的强烈的结社愿望，通过社团活动家的积极运作，得以走上正道。而社团活动家也能够通过整合社团的过程，获得其自身价值的实现。社团精英把社会的需要转变成社团的具体活动。尽管中国社团精英的成长比经济精英和政治精英的成长艰难，但必将有一批又一批社团精英破土而出。

八、网络社团的发展趋势将成为社团发展的又一引人注目的现象

所谓网上社团是指具有相似兴趣爱好或目的的网民在互联网上以虚拟身份组建的社会团体。网上社团一般具有明确的宗旨，主要依托于互联网，定期或不定期地在网上举行交流、筹款、管理等活动。从现存网上社团的特点和社会团体的定义看，网上社团是社团团体的一种。但一般意义上的社会团体并不包括网上社团，目前的网上社团还属于非正式组织。伴随着网络越来越普及，在今后若干年内，网络社团的发展将更趋于繁荣。网上社团的成员相对复杂。网民可以以虚拟身份，任意按照他们自己的意愿登记注册。社团成员发展非常快。相对于现实社团来说，网上社团对于其成员的约束力是比较低的，而社团成员之间的相互影响却较大。造成这个结果的原因主要是网上社团成员都是一些虚拟身份，言论比较自由。虚拟社团也有不“虚”之处，往往一个“聊天室”里的言论，有可能片刻间马上得到大量的支持者。

现如今，由于高等教育大众化的到来，在校学生人数明显增加，就业问题日趋严峻，高校学生社团作为第一课堂的延续，作为大学生课外活动的重要阵地，其促进大学生职业发展的功能越来越得到重视，如扬州大学前几年没有建立校级的创业、就业类社团，只有某些学院设立了相关社团，并且规模不大，自 2009 年扬州大学建立了校级社团大学生就业创业俱乐部以来，其他学院也先后建立了相关的创业就业类的社团，这类社团的规模也明显增大。

综上所述，在新形势下，高校已有将学生社团建设的重点从注重思想教育上转向促进大学生职业发展的趋势，力求在保证大学生思想政治教育的同时，大力发展专业拓展类和实践创业类社团，以提高大学生的职业素养、综合素质及就业竞争力。

第三章　大学生社团的组织与管理

第一节　大学生社团的外部组织与管理

大学生社团的外部组织与管理是指学校层面对社团的管理，它主要体现在各学校制定的《社团管理条例》等有关文件中，也反映着学校的办学理念。它应该包括以下几个方面的主要内容。

一、社团管理的指导思想和层次划分

首先要坚持四项基本原则，突出学校党、团委对学生社团的领导。大学生社团的建设与管理也必须贯彻党的教育方针，立足于培养社会主义事业的建设者和接班人。学校党委要重视对学生社团进行政治引领，特别是作为具体指导学生社团工作的高校各级共青团组织更要切实承担起思想政治教育进社团工作的具体任务，把社团工作纳入团学工作的整体格局，把社团中的青年学生纳入团组织的评价体系，这样就形成了各方面共同参与、协同配合，保障有力，推动思想政治教育进社团工作持续、健康发展的有效工作机制。其次要坚持有利于学生全面发展的原则，突出社团的"教育性"。不管学生要成立什么样的社团或开展什么样的社团活动，都必须有利于学生德、智、体、美全面发展，否则，一概禁止。最后要坚持民主管理的原则，突出"以生为本"。大学生社团主要是突出自我管理、自我教育和自主发展，重在展示和培养学生的个性、特长，体现民主和开放的理念，所以学校对社团主要是采取宏观管理，重在引导、监督和服务。

随着大学规模的不断扩大和大学生社团的迅猛发展，学校也必须对学生社团采取分级管理。一般而言，大学生社团应分两个层次：规模较大的学校应以院（系）级社团为主阵地，以校级传统社团和跨学科社团为提高。在班级普遍开展组建小组活动的基础上，各院（系）应根据自身的特点组建促进学生全面发展的正式社

团，并应加强管理、认真指导，将其纳入院（系）的常规工作。原则上，院（系）级社团每学年应能接纳本院（系）在校生人数三分之一以上的学生，这样可确保每一个学生在大学期间都能进入院（系）级社团接受一年以上的社团活动的训练。校级社团主要是发现和培养特长生，学校管理者应予以足够重视。校级社团的成员应按一定的程序进行挑选，人数不宜过多，一般应控制在在校生人数的30%左右，以便于发现和培养特长生。也就是说，院（系）级社团既可以让学生展示自己的强势能力，以便培养自己的特长；也可以提高学生的弱势能力，做到补缺补差。而校级社团重在优中选优，主要是发现和培养特长生以及体现学校特色。

二、学生社团的创建与审批

目前，各高校都相应的成立了管理学生社团的机构——社团管理委员会（也有叫社团管理联合会或社团管理指导委员会）。只要是在籍的学生都有权申请成立社团，但必须符合一定的要求。成立学生社团除了必须坚持四项基本原则、遵守国家的法律法规和学校有关规定以及有利于学生的健康发展外，一般还应具备下列条件：①由10名或10名以上的在籍学生联合发起；②有规范的名称和相应的组织机构；③有规范的章程；④有1名或1名以上的业务指导教师。学生社团的名称应体现学生社团的宗旨，学生社团的业务指导老师应熟悉该学生社团的活动内容，能胜任对其工作的业务指导。

在正式成立社团前先要进行筹备工作的申请。申请筹备成立学生社团，应当向社团管理部门（以下简称“社管会”）提交下列材料：①学生社团成立申请书；②社团章程草案；③发起人的基本情况说明；④业务指导教师的基本情况说明。社管会应在收到全部有效申请材料后30个工作日内做出批准或者不批准筹备的决定。批准的，由发起人组成社团筹委会开始筹备工作；不批准的，应当向发起人说明理由。学生社团筹委会应该自社管会批准筹备之日起60日内，召开会员大会或者会员代表大会，通过章程，产生执行机构和负责人，并向社管会申请成立登记。学生社团筹备期间不得进行筹备以外的活动。学生社团完成筹备工作后，社管会发给《学生社团登记证书》，并向学校有关部门通报。学生社团登记证书不得涂改、转让、出借，如有遗失，应及时声明作废，并向社管会申请补发。

国家教育部门明文规定不允许在大学建立“同乡会”等一类的社团，不能批准成立。

三、学生社团的章程和组织机构

学生在正式成立社团前必须制定本社团的章程，社团章程一般应当包括下列事项：①学生社团的名称、宗旨和活动范围；②成员资格及其权利、义务；③组织机构及管理制度，执行机构的产生程序和权限；④负责人的条件、权限和产生、罢免的程序；⑤经费来源和管理、使用的原则；⑥章程的修改程序；⑦学生社团终止的程序；⑧应当由章程规定的其他事项。

学生社团实行民主集中制的组织原则。学生社团会员大会或会员代表大会是学生社团的最高权力机构。学生社团负责人主要指社团正副会长。尤其是社团正会长，应通过会员大会或会员代表大会民主选举产生，一般任期为一年，可连选连任，但不得超过两届。有下列情形之一的，不得担任学生社团负责人：①受到法律制裁或校纪处分尚未撤销者；②曾因违反有关规定，被免去学生社团负责人职务者；③其他不宜担任学生社团负责人事项者。社团的内部机构可以根据社团的特点和大小设置，一般包括办公室、发展规划部、活动组织部、宣传（外联）部、财务后勤部等。学生社团拟设立分支机构的，应当向社团管理委员会提交有关分支机构的名称、活动范围和负责人等情况的材料备案。社团的分支机构是学生社团的组成部分，应当按照其所属学生社团的章程所规定的宗旨和活动范围开展活动、发展成员。学生社团的分支机构一般不得再设立分支机构。

四、学生社团的变更和注销登记

学生社团的登记、备案事项需要变更的，应当在形成决议后10个工作日内向社管会申请变更登记；学生社团修改章程，须将修改意见报社管会审核后方可提交会员大会或会员代表大会审议，社管会对社团提交的章程修改意见应于10个工作日内给出答复意见。学生社团更换负责人，须于会员大会或会员代表大会通过起10个工作日内报社管会审核，经社管会批准后方可办理工作交接。学生社团更换业务指导教师，须于会员大会或会员代表大会通过起10个工作日内报社管会审核，社管会审批后予以确认。

有下列情形之一的学生社团，应向社管会提出自行解散的书面申请：①学生社团会员大会决议解散的；②学生社团经社管会批准合并或分立的。对于理由充分的自行解散申请报告，社管会原则上应予以批准，但有下列情形之一的一般不予批准：①学生社团获得社管会批准开展的活动仍未开展或未完全开展的；②对社管会安排的工作无正当理由推脱的；③自行解散的理由不充分的。

有下列情形之一的学生社团，应当申请注销登记：①成员连续半年不足社团管理条例规定的最低人数者（一般不少于 20 人，个别情况可以例外，如对专业技能要求特强的社团）；②自行解散或被强制解散者；③连续半年未进行正常活动者；④其他原因终止的。学生社团申请注销的，其负责人应向社管会提交注销申请书和财产清单，移交学生社团财产，配合社管会进行清算工作。学生社团完成清算工作后，其负责人应向社管会提交《学生社团登记证书》，进行注销登记。学生社团的变更和注销，由社管会在核准后予以公告。

五、学生社团活动的指导与监督

学生社团应聘请业务指导教师。如果特殊情况由学校指派业务指导教师，必须通过社团会员大会或会员代表大会确认。学生社团业务指导教师负责对学生社团进行具体的业务指导，对学生社团成员进行业务培训，对学生社团主要活动进行可行性、安全性的论证；学生社团业务指导教师应具有良好的品行和丰富的学生工作经验，具备较高的政策水平、较深的学术造诣；学生社团聘请的业务指导教师应由社团管理部门审核认定。学生社团也可在校内外聘请关心学生健康成长、热心指导学生活动、有较强专业能力的人士担任学生社团顾问，在学生社团的登记宗旨范围内对学生社团的活动进行帮助。学生社团聘请顾问须报社团管理部门备案。

学校还需对学生社团进行年度审核。学生社团一般须于每学年度第一学期的前三周内向社管会申请学年审核，审核通过的方可在学年度内开展活动。学生社团申请学年审核时，须提交以下材料：①《学生社团登记证书》；②上学年度的工作总结和财务收支报告；③本学年度的工作计划；④学生社团业务指导教师对学生社团的年度考评意见等。学生社团的年度审核结果应及时予以公告。社团举办重要的活动或外事活动，一般要在举办前报请主管部门审批。平时，社团主管部门还应通过参与、抽查、调研等形式及时了解社团活动状态，加强对社团工作的督查，发现问题及时解决。

六、学生社团队伍的建设与管理

首先，要重视对学生社团指导教师队伍的建设。社团指导教师是社团开展活动的指导者，也是社团活动的主要评价者。学生社团指导教师首先要有奉献精神，甘为人梯；其次要有相应的专业知识和管理能力；再就是要有民主意识和合作的精神。所以,学校或院系应主动建立一支高素质的社团指导教师队伍供学生选聘,学校或院系也可以积极为社团推荐指导教师，并建立相应的保障制度。在为学生社团配备好高素质指导教师的同时，学校或院系还要经常召开指导教师会议，进行互相交流，并通过指导教师沟通学生社团与管理部门之间的联系，及时了解活动开展情况和社团活动中急需解决的问题。逐步建立起一套学生社团指导教师的激励机制。要给社团指导教师以宽松的工作环境和相应的鼓励政策，通过和学校有关部门的协调，如教务部门等，把指导教师的工作纳入其工作量的核算，并结合学生社团的活动情况，对指导教师进行评定，给予一定的物质和精神鼓励。

其次，要重视学生社团干部队伍的建设。学生社团干部是学生社团管理的中坚力量，是学生社团开展创新活动主要的设计者和组织者，一名学生社团干部素质的高低，直接影响社团活动开展的质量。因此，要十分重视对学生社团干部的培养。一是要培养学生社团干部的科学态度、敬业精神和创新精神，培养学生社团干部对学生社团的领导和管理能力，确保学生社团活动的正常有效开展。二是针对学生社团干部具有流动性强、交替快的特点，把社团干部的梯队建设作为重要工作来抓，认真做好“传、帮、带”工作，加强对社团新干部和后备干部的培训，不仅使他们在思想上和业务上都能胜任社团的管理工作，而且还要提升他们的创新能力，使之能适应社团可持续发展的需要。三是要完善对社团主要干部的建档工作，对其任职期间的活动进行记载，对工作业绩进行考核，并将主要业绩记入学籍档案。这既是工作的需要，也是对社团主要干部的激励。

七、学生社团的硬件与档案建设

学生社团活动也离不开一定的物质条件，所以也必须重视社团的硬件建设，主要表现在三个方面：一是要加强学生社团的环境建设。学生社团始终是处在一定的学校和社会环境中，它的发展离不开环境的支持，同时，学生社团的建设也对一定的环境产生积极影响。所以努力为社团营造良好的外部环境，也是社团发展的重要外部动力。如学校浓厚的学术氛围必然有利于学术型社团的发展，丰富的体育活动和有影响的体育传统项目必然有利于体育类社团的发展，学校与地方社会的密切联系也必然有利于社会服务型社团的发展。二是要加强学生社团的场地建设。任何一个学生社团开展活动都离不开场地，可以说，活动场地建设问题是一个学生社团赖以生存和发展的重要物质条件。也是我们在调查中学生反映较多的问题之一。目前高校学生社团数量众多,为每个社团都提供专门使用的场地,但是如会议室、办公室、多媒体教室等是不现实的，学校要制定出一套科学合理的长效机制，充分整合和合理分配学校的场地资源，最大限度的利用这些校内场地资源为众多的学生社团服务。力求既满足学生社团活动的需要，又充分发挥学校场地资源的作用。三是要加大学生社团建设的投资。学生社团要想取得长足的发展和进步，解决经费问题很重要，目前许多社团的经费仅停留在会员会费和学校有限的拨款上。随着社团数量的增加和规模的扩大，学校要进一步加大对学生社团建设的投资力度。学校和院系两级在每年的学生经费预算中要安排一部分专项经费在学生社团活动上，并实行学生社团重大活动项目申报答辩制度和优秀社团奖励制度。即学生社团可以根据学校、院系每年的工作思路和自身的特点与优势制订出有自己特色的重大活动策划书并参加学校或院系统一组织的答辩，通过答辩就给予经费支持。同时对优秀社团给予经费支持。

另外，要重视社团的档案建设。由于学生社团在现代大学教育中起着越来越重要的作用，所以学生社团的建设和活动资料，不仅具有研究当今大学教育和校园文化发展的现实价值，还具有深远的史料价值。它不仅是校史的重要原始资料，也是学生成长史的重要原始资料。社团管理部门应做好各社团建设与活动资料的收集和归档工作，统一为每个社团建立档案，并定期上交校档案室保管。

八、学生社团活动的考评与奖惩

为了确保学生社团活动的质量，做到奖“先”罚“后”，必须对社团进行考核，一般是一学年进行一次。考核应分两部分：一是对社团成员进行考核，一般由社团负责人和指导教师进行；二是对社团负责人进行考核，一般由社管会组织进行。考核主要有以下内容。

第一，根据学生参与社团活动的成效核计相应的学分。社团活动的学分可分常规学分和奖励学分两部分。常规学分是指：积极参与社团活动的一般会员，年度考评为合格者计 1 ~ 2 学分（校级社团计 2 学分，院 / 系级社团计 1 学分）；社团在学校和院系考评中被评为合格者，社团管理者计 2 ~ 4 学分（校级社团会长计 4 学分，其他管理者计 3 学分；院 / 系级社团会长计 3 学分，其他管理者计 2 学分）。奖励学分又可以分团体奖励学分和个体奖励学分。团体奖励学分是指：社团被评为省级以上优秀社团，社团会长、其他管理者和一般会员分别计 3 学分、2.5 学分和 2 学分；社团被评为校级优秀社团，社团会长、其他管理者和一般会员分别计 2 学分、1.5 学分和 1 学分；社团被评为院系级优秀社团，社团会长、其他管理者和一般会员分别计 1 学分、1 学分和 0.5 学分。个体奖励学分是指社团成员作为个体或代表团体参加各种竞赛得奖者，如知识理论研讨型社团组织的课题研究成果鉴定、知识竞赛和论文写作比赛等，技能训练型社团组织的技能测定和技能大赛等，获得校级一、二、三等（含优秀奖）奖者分别核计 3 学分、2 学分和 1 学分；获得院系级一、二、三等（含优秀奖）奖者分别核计 1.5 学分、1 学分和 0.5 学分。具体的学生社团活动的学分核计方案应由教务处和学生处共同制订。为了使社团活动有序有效的开展，并尽可能使更多的学生从中受益，学校也可以对社团学分的获得做出范围的规定，如规定学生从社团活动中获得的学分不得低于 2 学分，不得超过 10 学分。这样，也许能调动更多的大学生参与社团活动，接受社团的教育影响。

第二，考查学生社团是否正常地按计划开展活动和有无违纪行为。每个社团在年度之初都要制订和提交年度活动计划，一学年结束时社团主管部门要看该社团是否按计划开展了各项活动，如果基本上按计划开展了各项活动，并取得了预期的成效，说明社团运行正常。同时还要考查社团一年来有无下列违纪行为：①未经登记或未通过学期审核以学生社团名义开展活动的；②在登记学期审核中隐瞒真实情况，弄虚作假的；③从事违反法律法规及校纪校规的活动的；④组织机构瘫痪、财务管理混乱的；⑤拒不接受或者不按照规定接受监督管理的；⑥其他违反社团管理条例规定的行为。

考核后要及时对社团和有关个人进行奖惩。对被评为优秀的学生社团和社团成员，除了给予学分奖励外，还应给予一定精神和物质的奖励，当然以精神奖励为主。对于违纪学生社团，由社管会视情况予以警告、改组，直至强制解散；对社团违纪行为主要责任者，由社管会进行批评教育；违反法律法规及校纪校规的，由社管会提请有关部门处理。同时还应引进社团内部激励机制。如西安交通大学，全校共 100 余个学生社团，分为甲乙两级，其中甲级社团为 45 个，其余为乙级社团。为考查各学生社团一年的工作情况，鼓励各级中工作相对突出的学生社团，在每学年初，由西安交通大学学生社团联合会对甲乙两级社团分别进行上一学年甲级社团评优和乙级社团评定。经过甲级社团评优的前十五名将荣获上一学年度“优秀社团”称号，并得到相应的奖励，而甲级评优的后四名将成为乙级社团，相应的乙级社团前四名将升入甲级社团。

一般应先进行社团的年度考核和奖惩，然后再进行年度审核。考核不合格的社团不予年审。

九、学生社团活动的研究与交流

大学生社团尽管不是新生事物，但随着现代大学生社团的迅猛发展及其在大学育人过程中地位的日益彰显，越来越发现在社团管理中确实存在不少新的问题，加强对大学生社团活动的研究不仅是大学生社团建设与管理的当务之急，也是现代大学面临的新问题。社团活动的研究可以分三个层面：学校层面、区域层面（如同省、同城的高校联手研究）和国家层面。如有的城市举行的一年一次的同城高校大学生社团联合会学术交流会，就是有效之举。再如每年一次的大学生社团会长年会以及全国大学生社团网，就是为国家层面的社团研究提供了平台。

另外，要加强与外校社团甚至是国际高校大学生社团的联系与交流，没有交流就谈不上研究，也谈不上发展。通过交流促进相互了解、相互学习、取长补短，共同提升大学生社团活动的质量。一方面可以通过召开学术会议，另一方面可以通过社团网，还可以通过创办相关的社团杂志等，来加强对大学生社团活动的研究与交流。总之，大学生社团活动大有文章可做。

十、加强学生社团管理委员会自身的建设

学生社团管理委员会负责全校学生社团的管理，包括社团设立的审批、日常活动的督查、年审、考核评优、发展规划的制定、年度工作计划和总结的撰写、资料归档以及对外宣传等，责任重大，任务繁重，所以也必须加强自身建设。一是要健全岗位。学生社团管理委员会一般除了设有主席1人、副主席1～3人外，还设有如下岗位：社团管委会办公室（主任1人，副主任1～3人）、组织部（部长1人，副部长1～3人）、宣传教育部（部长1人，副部长1～3人）、活动管理部（部长1人，副部长1～3人）、会员工作部（部长1人，副部长1～3人）、信息（网络）部（部长1人，副部长1～3人）、外联与研究部（部长1人，副部长1～3人）、场地管理部（部长1人，副部长1～3人）、资源档案部（部长1人，副部长1～3人）等。另外还可以根据工作的需要，从“志愿者”队伍或“勤工俭学”队伍中为办公室和各部选聘若干名秘书协助其工作。二是要做好社团管委会领导的选拔和培养工作。社团管委会主席、副主席由校团委组织选聘，办公室主任和各部部长由社团管委会组织选聘并报经校团委审定。在选拔过程中，一定要坚持“公开、公平、公正”和“竞争、择优”的原则。一般是采取各院系团

总支、校学生会、学生社团推荐及个人自荐相结合的报名方式，依据笔试成绩、面试成绩（包括竞职演讲）、组织考察等综合评定后确定人选并公示。对学生社团管理委员会的领导和管理人员要求较高，一般应具备以下条件：①拥护中国共产党的领导，热爱社会主义；②承认并自觉遵守《学生社团管理条例》和《学生社团管理委员会章程》；③遵纪守法，品行端正，热爱社团工作，群众基础好；④具有良好的团队精神和奉献精神；⑤有较强的组织协调能力和创新意识，学习成绩优良（综合测评名次一般应位于班级前二分之一，且上学期无重修记录）；⑥身体健康。再就是要加强对社团管委会管理人员的培养和培训，可以采取请进来走出去和充分利用校内资源展开多层次多主题的培训工作，不断提高学生社团管理水平。

第二节　大学生社团内部管理的原则

大学生社团办的质量如何，不仅取决于学校层面的管理水平，更取决于社团内部的管理。这就是为什么同一学校的社团其水平差距较大的根本原因所在。社团的创建者或管理者只有热情是不够的，还必须具有较强的管理能力，懂得社团管理的基本法则——社团管理的原则。只有遵循这些原则，才能使学生社团的建设和发展朝着一条快速、健康和可持续发展的轨道不断前进；只有遵循这些原则，才能使广大同学在社团中得到真正的锻炼和提高。大学生社团管理的基本原则主要有以下几条。

一、方向性原则

方向性原则就是指大学生社团活动必须接受中国共产党和中国共产主义青年团的领导，必须贯彻执行党和国家的方针政策，坚持为社会主义现代化建设培养高素质人才的服务方向。这是由我国现阶段教育的性质和高等学校的特点决定的。

在大学生社团管理中贯彻方向性原则应该做到以下两点：①坚持正确的政治方向，全面贯彻党和国家的路线、方针、政策。贯彻方向性原则的实质，在于努力使社团成员成为全面发展的社会主义事业的建设者和接班人。换句话说，管理者所创建的社团和所组织的社团活动不能违背社会主义方向，不能有损于党的领导，不能有害于学校和社会的稳定。②重视对社团成员进行思想政治教育。由于社团活动突出自主性和个性化的特点，往往在组织活动时多基于群体的“兴趣”，不像课堂教学严格受制于培养目标和学校较为严密的教学计划。所以，大学生社团，除了思想政治教育类社团外，一般容易忽视对社团成员进行思想政治教育。大学生是国家未来的栋梁之材，保持正确的政治方向，是时代的要求。社团管理者除了自身应具有较高的政治素质外，还必须注重对社团成员进行思想政治教育，从而确保社团健康发展。

二、教育性原则

学校是培养人的专门场所，学校的全体人员、工作、机构和整个环境都必须对学生具有教育意义。所有的大学生社团成立的宗旨都是体现了教育的功能，所以社团的管理者必须时刻牢记办团的宗旨，通过管理充分发挥大学生社团对大学生（尤其是社团成员）的教育作用。社团管理的教育性原则，就是要求社团制定的每项制度、开展的每项工作和活动都要对学生起到教育的作用，使得参与者的身心得到健康的发展，素质得到一定的提高。

在大学生社团管理中贯彻教育性原则应该做到以下几点：①管理者言行的教育性。社团管理者，特别是会长、主席等“一把手”，一般都是由会员选举产生的，他们在一开始就具有较高的威信。常言说，榜样的力量是无穷的，他们对社团成员的影响是直接而有力的。因此，社团领导要为社团成员做出榜样，要有为大家服务的意识和奉献精神，要做到秉公办事、不徇私情，还要有较强的业务能力。这种榜样犹如春风化雨必然对大家起潜移默化的教育影响。②管理措施和方法的教育性。社团活动的目的是为了实现一定的教育目标，特别是要培养和展示大学生的个性特长，但这种个性特长的培养和展示又离不开这个团体。所以，在社团管理中，既要尊重个性，又要注意培养大家协作的精神和团体意识。社团管理的一切措施、方法都要体现“育人”的特征，尽量避免产生消极影响。③活动内容的教育性。社团主要是通过开展丰富多彩的活动来维系的，每一次活动的设计和开展都要有明确的教育目的性，这样才能使参与者受到有目的的教育，从而有效地发挥社团的育人功能。

三、依“法”治团原则

大学生社团是大学中的民间组织，社团活动是大学生的一种自发行为。所以，要使这种行为有序开展就必须有“法”可依，依“法”治理。大学生社团管理的依“法”治团原则，就是要求社团正式成立之前要先制定《社团章程》，明确社团宗旨、活动范围、议事规则等；社团正式成立后，一定要依“法”活动，不仅要按《社团章程》行事，而且所开展的活动一定不能有违国家的法律和学校的规章。

在大学生社团管理中贯彻依“法”治团原则应该做到以下两点：①要严格按照学校《社团管理条例》和各自社团的《章程》进行规范管理。学生社团的设立和管理一定要按章办事，有“法”可依，依“法”活动。就社团内部管理而言，社团《章程》就是社团管理的法律。《章程》建立后，就必须按章行事，会员入会的必备条件之一就是必须“拥护本社团章程”。要想改变行动法则就必须先修改《章程》。②在组织和开展社团活动时，必须充分考虑其是否与国家的法律、地方性法规和学校的有关管理制度相冲突。为了确保社团的生存和健康发展，在开展社团活动时不仅要杜绝非法活动，而且还要杜绝不利于校园和谐稳定的因素出现。活动的举办者要充分预测活动可能会出现的一些不良后果，早预测早预防，拿不准的要请示上级有关部门。

四、民主管理原则

大学生社团的最大特点就是强调自愿、自主，体现自由，而民主又是自由的前提。同时，社团成员都是一群有着共同兴趣爱好的地位平等的大学生，他们不仅有强烈的“民主”诉求，而且有着实施“民主”的良好素质。所以，大学生社团管理一定要突出民主管理的原则，也就是要求社团管理者要充分发扬民主作风，履行民主议事程序，努力让每个成员充分行使民主权利，积极参与社团建设和各项活动，从而依靠群众的智慧和力量把社团办好。

在大学生社团管理中贯彻民主性原则应该做到以下几点：①社团领导首先要树立为大家服务的思想。社团是大家的社团，社团领导是大家民主选举的，所以社团领导要树立服务的意识，而不能利用社团作为谋取个人利益的工具。只有这样才能强化自己的民主意识。②要树立相信群众、依靠群众的思想观念。要实行民主管理，社团领导还要树立“管理工作必须坚持走群众路线”的观念，只有这样，才能真正集中群众的智慧，统一群众的意志，激发他们的主人翁责任感。所以，社团领导要主动征求和采纳社团成员的合理意见，进行科学决策。③要严格遵照《社团章程》进行规范管理。民主管理的重要前提就是依法管理，所以社团的一切活动和管理行为都必须依《社团章程》行事。实际上，制定《章程》的过程就是践行民主的过程，因为制定《章程》不是一个人说了算，而是一群志趣相投者在一起探讨和民主协商的过程。④搞好社团负责人的民主选拔和民主素质的培养。社团的民主管理水平如何，关键在社团负责人。所以，在选拔社团负责人时一定要体现民主的原则。除了首次申请建立的社团可临时采取谁牵头谁负责外（一般只任第一届），都应该采取全体成员参加的民主选举，不得由上级机关或领导指派。社团负责人也可连选连任，但一般不宜超过两届。对社团负责人，尤其要加强民主素质的培养，这也是直接影响社团活动对培养学生民主素质成效的重要因素。

五、自主性原则

大学生社团是满足不同兴趣和爱好的同学的需要，是展现大学生个性的舞台，所以它就不可能是单一或者是统一的模式，它必须有自己的特点。正因为诸多社团的不同特点才共同构成大学校园绚丽多彩的社团文化。而大学生社团的这种个性的张扬正来自它的自主性。大学生社团管理的自主性原则，是指成立什么样的社团由学生自主提出申请，社团具体的管理和活动安排由社团成员自主定，大学生在社团中的学习和发展也体现“自主”的特点。可以说，自主性原则是学生社团赖以生存和发展的根本，也是培养学生个性的重要条件。

在大学生社团管理中贯彻自主性原则应该做到以下几点：①要树立“多元化”的思想，倡导“百花齐放”。大学生社团的创建与活动开展的自主性，不仅与当代社会的文化多元相适应，也与当代我国高等教育目标的多元化相一致。所以社团的管理者，一方面要理解和接受不同于自己社团的其他社团，融洽与兄弟社团的关系；另一方面也要能理解和接受本社团中不同个性的成员，大家和谐相处、扬长避短，充分调动每个成员的积极性。②坚持“以社团成员为本”，走个性化发展之路。学生社团以满足学生培养个人兴趣、爱好、特长等需求为主要特征，正是这种特征，适应了培养个性化学生的需要，它为学生在某一方面的自我发展提供了空间，并且通过成员间的相互作用和影响，特别有利于促进学生个性的张扬和特长的提升。所以，管理者在坚守社团本身的特色外，一定要照顾到每个人的需要，根据每个成员的特点，尽可能做到因材施教、人尽其才、人人受益。③要突出团队精神。社团活动强调自主性，但自主性一旦脱离了团队精神就可能变成个人主义，所以社团管理中必须始终牢记要不断向社团成员强化“团队精神”。因为学生社团是一个为了共同目标而自发组织起来的学生组织，其中的每一位成员都必须为整个团队的共同利益而努力工作、团结协作，充分发挥自己的力量，必须坚决反对在社团组织中的个人主义。团队精神也是当代大学生必备的基本素质之一。

六、责任制原则

任何管理都必须强调权、责、利的对应，否则难以提高管理的效率。可以说，没有责任制就没有管理。所谓责任制，就是各项工作由专人负责，并明确规定职责范围和责、权、利关系的管理制度。大学生社团管理中的责任制原则，是指在社团管理中使人事相宜、职责相称、权利与义务统一，工作绩效与工作“报酬”匹配。责任制是社团管理体制中最重要的部分之一，一般都在《社团章程》中有明确规定。

在大学生社团管理中贯彻责任制原则应该注意以下几点：①要进行合理的分工。没有分工，就没有责任制。从一个组织机构来说，一定要将整个工作分解成若干基本部分，然后分给每个工作人员，做到事事有人管，责任有人负。当然，分工不是分家，分工还必须协作。管理者的任务就是在分工的基础上组织有效的协作。②要有明确的职责和规范的要求。分工以后，职责范围不明确也不行。因此，应该根据社团的特点制定各类人员的工作职责。凡属于职责范围内的事，工作人员要有职、有权。明确职责以后，各项工作还要有规范要求。这些要求，既要有定性的，也要有定量的。如明确社团财务管理人员应不少于 2 人，每笔支出账单需有 2 人以上签字才有效等；再比如社团管理人员应多长时间召开一次工作会议，全体成员多长时间开展一次集体活动，每次活动都必须有计划、有总结，有专人负责等。③要认真及时地进行考核，做到赏罚分明。考核就是对社团管理人员和社团成员的工作绩效与参与活动的情况进行评定，这是实行责任制的根本保证。没有考核，也就无法进行赏罚，责任也就成了一句空话。在考核的过程中要保证考核标准客观公正，考核方法切实可行，只有这样才能真正调动社团各类人员的积极性。考核以后，要“论功行赏”，否则，责任制仍不能持久。大学生社团活动中的“赏”，主要是指精神奖励和应获得的学分。所谓“罚”，应以批评教育为主，情节严重者直到除名，但违反校规校纪者应给予校纪处分。这样，才能真正体现责任制的精神，从而提高社团活动的效率和质量。

总之，社团内部管理应以《社团章程》为准绳。所以，不仅在社团的日常管理中要遵循上述原则，而且在制定和修订《社团章程》时也必须以上述原则为指导。

第三节　大学生社团内部管理的内容与方法

虽然社团的管理有《章程》可依，但社团具体的管理内容与过程是比较复杂的，因为它不仅涉及具体的事与物的管理，更关键的是涉及具体的人的管理，管人是比较复杂的。而且大学生社团是“非政府”组织，其组织机构本身赋予管理人员的权威性远远比不上学校“正式的”的组织机构，如学生会、团委等。所以，社团管理者也需要学习管理的知识，积累管理的经验，讲究管理的艺术，不断提高社团管理的水平。下面结合社团管理的内容谈谈具体的管理方法，供大家参考。

一、社团组织的管理

大学生社团是群体组织，它的结构与功能也符合“团体理论”的有关原理。根据库尔特·莱温的“团体动力学”理论，团体不能仅仅理解为每个成员的特点之总和，而应该是一个相互关联的系统。这个系统由团体内的成员及其环境所组成，而团体的生命正是由于成员与环境、成员与成员之间复杂的相互作用而维持并得到发展。团体是一个动力整体，团体过程来自认同以及相互作用部分的合力。格拉斯·科伊尔在 1930 年出版的《被组织起来的团体的社会过程》中又分析了团体的多样性和复杂性。用系统理论的观点来分析，团体的子系统包括成员、团体的结构与功能以及影响成员行为、团体结构与功能的团体环境。团体整体系统和子系统是相互依存、相互作用的。不难看出，团体中的子系统间如何交流，团体对团体中的个体以及环境的影响，其实与团体的组织结构有着密切的关系。所以，大学生社团首先要考虑自己的组织构架以及如何使其有效地运作起来。

大学生社团在酝酿成立之初，也就是在制定章程的时候，就要具体考虑和确定社团内部的组织结构。也就是要根据社团的目标（类型）和规模的大小来确定组织结构，即明确纵向的管理层次和横向的管理部门。管理的层次和部门的设置是否科学直接影响管理的效率，影响社团成员的交往和积极性的发挥。一般而言，规模较小的社团可设置二个管理层次——领导层（归属于社团办公室或秘书处的会长、副会长等）和管理层（实施分类管理的各部、处等）；规模较大的社团可设三个管理层次——领导层（归属于办公室或秘书处的会长、副会长等）、中位管理层（实施分类管理的各部、处等）和下位管理层（隶属于各部、处的工作小组等），或者下设分会并在分会中设二级管理层。而社团横向的管理部门一般要根据社团的目标、类型和规模的大小来设置，常设的管理机构有：发展规划部、活动组织部、宣传（外联）部、财务后勤部等，这些部门都应在社团办公室（秘书处）的统一协调下发挥各自的管理职能。

应当注意的是，除了极少数特技性或拥有的人数稀少的特长性、兴趣性社团外，一般的社团都应考虑到需有一定的规模。因为团体成员自身拥有的知识、能力、经验和人脉等是团体最大的资源，团体成员的多少对团体的互动、结构和发展进程有巨大影响。也就是说，团体需要达到一定的规模才能拥有足够的资源，才能解决团体面临的种种问题。团体规模太小，成员会感到力不从心，压力大，缺乏弹性，甚至不能允许任何一个成员缺席。规模太大又会让成员淹没在缺乏面对面互动的匿名状态中，而且随着团体规模的扩大，人均参与团体互动的机会递减，人际互动和合作的复杂性、冲突和困难递增，甚至会导致对科层化管理的需要。所以，超过一定规模的团体就有可能需要建立分会或在部门管理层下面再分成若干个小组，为所有成员提供足够的参与和互动的机会。一般来说，团体规模越大对管理的要求越高，不仅要求社团管理者要有较高的管理水平，更要求社团的内部组织结构更加科学合理。另外，社团的内部组织结构也不是一成不变的，它可以根据社团发展变化的需要按程序进行适当的调整和变革，防止出现结构性功能障碍。

在确定社团组织机构的同时要根据社团的目标和大致的活动内容来明确岗位职责或任务以及任职条件，一旦各级各类工作人员到位后，上位的管理者在日常的管理中就要按制度认真考查各级各类工作人员的职责完成情况，并适时反馈和交流，不断提高工作绩效。

二、社团人员的管理

社团成员是最重要的管理对象，也是社团管理的难点所在。

首先，要通过社团内正式组织对社团成员实施目标管理。每个成员在团体中都有着自己的地位（位置）和充当一定的角色。角色指赋予一个人所处地位的被期待的一套行为和关系体系。一个成员一旦扮演了某种角色，他就在回应其他人对他的行为的期待。如果他满足了期待，通常他就能得到团体乃至团体中的其他人的正面反馈；如果他没有满足期待，负面认同就会出现。一个岗位或位置的角色和一个人的角色都不是一成不变的，角色期待影响扮演该角色的个人，也受扮演该角色的个人影响，角色是角色扮演者在行动中、在其他人对他行动的反应中不断地确定和再确定。社团的管理者要通过制度、会议和交流等让所有的社团成员明确自己的角色和应承担的任务与责任，将团体的意志变为个体的行为。不仅要使人人有事做，而且要职责分明。

其次，要管好社团中的次团体。一般的团体中，尤其是有一定规模的团体，成员之间的交往不可能是等距离的，其团体内部会出现各种利益和情感的小共同体，表现出独立于团体整体的认同和亲密，即次团体。双人和三人的组合是最常见的次团体。团体规模越大，次团体就越明显。次团体的出现会给团体发展及团体凝聚力带来一定的挑战，社团管理者必须正确评价和有效管理次团体。最小的次团体是两个人，这是所有关系模式中最亲密、最稳定的一种。这种次团体包括平等互动的关系、互补的关系、追逐的关系、统治—依靠的关系等。三人组合是另一种次团体。这种人际关系结构中，第三者打破了一对“恋人”的平衡。第三者可能使两个人更加团结一致，也可能破坏原来两个人的组合。在三人帮内，几乎总有两个人为了吸引另一个人的注意力或为了造成对另一个人的影响而竞争。三人组合可能是由一个调解人和两个彼此冲突的人组成，也可能是两个人联合起来反对另一个人。与两人团体相比，三人帮是一种短暂和动荡的组合，经常分裂成为两人团体和一个孤立者，或者因为增加了第四个人而变成两个双人团体。次团体的产生也是团体整合为一个整体过程中自然和必然的现象。次团体表现了团体的某些部分彼此之间强烈的认同。部分成员之间由于相同的爱好、性别、性格、利益和价值，或者互补的需要，形成超出团体一般成员间亲密水平的亲密关系。强势的次团体，容易用超出对整个团体的认同和亲密把自己与整个团体隔离出来，因而会大大削弱团体的凝聚力。但社团的管理者在充分意识到次团体的挑战的同时，也要看到次团体是可以利用的。因为次团体的发展不仅反映了成员共同的感觉、共同的态度和共同的兴趣，也可能反映了有些成员对参与团体的担忧，因为有些成员，尤其是边缘成员，会把次团体当做避风港。在规模较大的团体内，次团体满足了成员对亲密、认同和控制等不能在大团体内得到满足的需要，而起到了增加团体凝聚力的作用。所以说，次团体也是把“双刃剑”。

再次，要正确处理社团中的“冲突”。冲突是人类关系中一个不可避免、持久的过程。社团内部组织结构再健全，也避免不了会发生冲突。冲突表示矛盾和分歧，也表示发展和变化。不管冲突会对社团和成员造成不良影响，还是会建设性地推动社团互动，它都是社团活动和发展过程的一个必然的组成部分。发生在社团中的冲突涉及目标、价值观、规范、活动内容与形式以及成员间的相互评价等方面。社团管理者要仔细分析冲突的性质和产生冲突的根源以及冲突可能会导致的影响，做到及时发现、妥善处理，努力将矛盾和分歧转化为社团发展的建设性力量。因为矛盾和分歧的表达及妥善处理可以澄清共同价值和利益，增加社团凝聚力。解决冲突要避免用镇压的方式，而应用民主的方式。要强调遵循社团的宗旨，满足共同的利益，以理服人，求同存异，达成共识，或转移主题寻求新的共同点。一定要防止冲突伤害人际情感、削弱社团凝聚力。

最后，要有一定的灵活性，注意因人施管。社团成员尽管有着共同的志趣，但毕竟每个成员个人经验、人生目标、性格、品德、才能和需要不尽相同。所以，在社团管理中要因人施管，“尽量做到人尽其才”。如给责任心较强的人委以重任，给予有影响力的成员以领导责任等。特别是对难以管理的成员（或叫“问题成员”）更要多加小心。处理得不好，不仅影响团体的效率，也会影响管理者的威信。如有的成员很消极，尽管参加了社团，但对参加活动总是沉默与冷淡；有的成员责任心不强，常把不能完成任务和犯错的责任推给别人；有的成员在不能取得正式的领导岗位后喜欢当自然领袖，并因嫉妒或不服气而往往采取不合作的态度，甚至有意对抗社团的管理者。所以，社团管理者要了解自己管理对象的心理特点，运用管理的技巧，善于与不同的人打交道，充分调动每个成员的积极性。

三、社团活动的管理

社团需要通过组织和开展活动来维系与发展，通过开展活动来调动成员的积极性，通过开展活动来发挥社团的育人功能，社团的水平高低取决于社团活动的质量，所以社团管理者必须加强对社团活动的管理。社团活动一般可分三类：一是常规管理活动，如一周或两周一次的管理例会；二是提高社团成员素质和满足成员需求的发展性活动，这也是社团的主体活动，如演讲协会组织的演讲技巧游戏、辩论赛等；三是上级组织委托和安排的活动，这具有随机性和偶然性，如五四青年节时学校委托某一社团承办某项活动等。对社团活动的管理需抓住三个阶段：活动的计划与设计、活动的组织与实施以及活动的总结与评价。具体的管理方法与要求将在第四章详细论述，此不赘述。

另外，大学生社团如自办报刊，除了必须向校团委、宣传部报批外，每一期印出后必须及时送校团委、社管会备案留存，如需对校外交流使用，一般须报校团委或社管会审批。

四、社团文化的管理

社团的文化是指社团成员认同的价值观、人际氛围、行为规范、凝聚力以及已形成的传统等。社团文化是社团的精神所在，它不仅直接影响社团活动的功效，而且对社团成员产生潜移默化的影响。社团文化的差异会导致社团产生不同的功效。学者戴维 · 约翰逊 (David Johnson) 和弗兰克 · 约翰逊 (Frank Johnson) 经过 30 多年的研究，曾将团体分为四类：假团体、传统的工作团体、有效的团体和高能团体。①假团体是指尽管团体成员被要求一起工作，但是他们的目标彼此冲突，没有合作意愿。他们之间有互动，但缺乏交流和合作，彼此很少受影响。由于缺乏兴趣和未来，个体没有能够发展成熟。团体效果远不及个人。②在传统的工作团体里，成员有共同的目标，但个人目标高于团体目标，各行其是。成员互动主要是为了分享信息和澄清完成工作的方法，不能得到社交技巧训练。③如果团体大于它的部分之和，这个团体就被称为有效团体。有效团体的成员能同舟共济，追求共同的目标，而且团体目标将每个人的成功最大化，并通过合作承担团体和个人的责任，成员因此学习到社交技巧，并期望运用这些技巧来达到团体目标。④高能团体与有效团体唯一的区别是高能团体的成员彼此关心个人成长，使团体的表现和效能超过预期目标。没有一个团体必然是一个有效团体或高能团体，事实上都是管理者和成员共同努力使它变成一个有效团体的。下面就重点谈谈社团规范和社团凝聚力的管理。

社团规范是对任何影响社团成员价值观和行为标准的概括，它主要是通过社团宗旨、有关管理制度和岗位职责体现出来。它是社团成员为了实现共同的目标而互动的结果，是成员价值认同的结果，也是成员自己接受并且希望彼此遵守的一套关于社团成员彼此互动和合作的规则和程序。它是社团文化价值的体现。尽管每个社团都有自己的规范，但是理想的社团规范一般包括：成员接受社团目标，并为目标的实现贡献自己的力量；接受团体的价值、规则及限制；求同存异，与其他成员同舟共济；积极参与，承担责任。规范是对社团行为的限制，同时也为目标实现提供了安全系数。社团规范一旦被成员接受，就会变成社团的群体精神和成员的个体行为示范。一旦社团成员将社团规范内化为自己的行为范式，遵守社团规范就会成为成员的自觉行动，甚至在独自一人或在社团以外的场合也会习惯地遵循规范的要求，从而向外展示自己所在社团的文化。如北京大学山鹰社的成员“不怕牺牲，勇于攀登”的精神就是例证。社团管理者最重要的任务之一就是促进规范的产生和管理规范。但制定规范一定要根据社团的宗旨，并要为绝大多数成员所接受。在管理规范时，主要是使社团规范内化为社团成员的行为范式，并适时地对成员行为的规范适合度进行准确的评价和科学的奖惩。另外，社团的规范也应根据社团发展的需要进行合理的调整和不断优化。

社团的凝聚力也叫内聚力，是指社团成员彼此之间的吸引与成员对团体的吸引、认同和从属。根据阿夫拉汉姆·利维（Avraham Levy）的研究，具有凝聚的团体有九大特征或标志：①守纪律，准时出席团体活动；②成员感到已属于团体；③成员对“我们”的感情表达有提高；④成员关系为接纳、相互依赖和亲密；⑤成员对团体经验的高参与度；⑥成员用语言表达出自己对作为成员和对团体的满意；⑦团体氛围以自发性、非正式、适当的自暴露为特征；⑧团体规范造成同心同德的压力；⑨形成了一个仪式系统。一个团体的凝聚力越强，它对成员的影响就越大，它实现目标的努力就越有效。团体的凝聚力主要来源于成员动机的强度、成员彼此的吸引力、团体满足成员需要的能力以及社团的社会地位。所以，要形成大学生社团的凝聚力应注意以下几点：①社团目标要明确，它是吸引成员和使成员产生凝聚力的基础；②社团组织的活动要能满足全体成员的需要；③要使成员间形成和谐的相互咬引的人际关系；④要树立社团领导个人的威信和提高社团的社会地位；⑤尽量聘请有社会影响力的社团指导教师，指导教师也是影响社团凝聚力产生和发展的重要因素。

另外，在社团文化建设和管理中，一定要注意把大学生社团打造成一个学习型的组织。一个社团要具备较强的发展潜质，就必须朝着学习型组织的目标来建设。只有我们的组织具有一定的学习精神，并养成爱学习的习惯，才有可能保持新鲜感和吸引力。在具体措施上，可以通过安排固定时间充分利用社团内外各种资源，围绕社团宗旨和目标，有计划地组织一些专题讲座、报告会、学习交流等。关键是要有计划性和明确固定的时间安排，让会员们到时候就自然想起这件事，形成集体学习的氛围。

五、社团财务的管理

社团活动离不开经费的支持，大学生社团经费一般有三个来源：一是会员费，二是学校拨款，三是拉赞助和合法的自主创收。现代大学里的《社团管理条例》中一般都有这样几个条款：学生社团可适当收取一定的会费，用于会员的公益性活动；社团管委会会向部分学生社团活动予以资助，重点支持面向学校范围组织的活动；学生社团在经社团管委会批准后，可以通过吸纳校内外资助和提供有偿服务的方式等募集活动资金；学生社团须制定严格的经费管理制度，设立专人负责财务工作，并定期向学生社团全体成员公布经费收支情况；社团管委会须做好学生社团经费使用情况的监督工作等。社团的财务金额可能很小，但涉及钱的问题就比较敏感，不能含糊。所以，社团领导要加强对社团财务的管理，一是要做好社团年度经费预算和活动项目经费预算，本着量力和节约的原则，提高经费使用效果；二是要安排不少于 2 人的专人负责，记好经费收支的流水账，所有的开支都要有凭据并需有社团第一负责人签字；三是要明确管理的制度，做好经费使用的监督与公开工作。

六、社团物资与场地的管理

社团活动也需要有一定的物质条件或物质资源，尽管不同的社团其物质资源存在很大差异，但都有一个建设、保管、维护和使用的问题。如办公室及其办公用品、活动的场地和器材等。另外，为了活动的需要有时可能会临时借用或租用学校及其他单位的设备或场地，这也有个管理的问题。社团的物资与场地一般由办公室和后勤保障部门管理，但不管谁管，都应建立资产登记制度，安排专人负责，特别是在人员变动时要做好资产清点和交接工作。尽量做到按需添置，精心维护，妥善保管，充分利用。

七、社团信息与档案的管理

所谓信息管理，是指对信息的收集、加工、整理、传递、贮存等全过程的管理。信息包括很多方面，如上级指示和有关文件、管理者之间的各种意见、社团成员的情绪和心态、社团外在的舆论和评价等。任何组织和团体中都有信息管理的问题，尤其在现代组织中，组织的职能能否得到有效发挥，在很大程度上取决于组织决策指挥系统和职能部门能否及时获取和使用准确、有用的管理信息。所以，社团管理者一定要把信息看作是重要的管理资源，尽量使各种信息交流畅通、传递准确而及时。同时，社团管理者还要特别重视档案的管理。它是一种静态的信息，也是社团活动与发展最原始最客观的记录，它不仅是社团评价的基本依据，也是校史的重要组成部分。主要包括社团的有关文件、成员名册、历届成员名册（也是社团重要的资源）、工作计划和总结、活动过程记录与评价、评奖评优情况、重要的成果与大事记等。所以，社团档案也要有专人负责，并定期整理归档和上交。

八、社团网站的管理

随着计算机网络时代的到来，网络已成为大学生学习与生活的不可割舍的重要组成部分。不少大学生社团建立了自己的网站或网页，充分利用互联网进行社团的管理，这不仅大大提高了社团管理的效率，也有利于社团教育功能的充分发挥。但必须对社团网站加强管理：一是要依法申报，并接受上级主管部门的监督；二是要有专人负责，加强网络安全和维护；三是要及时更新，不断优化网络资源，充分发挥社团网站对社团成员的教育作用。

第四节　杭州电子科技大学社团管理制度

春树桃李，秋可得其实。传与承，是杭州电子科技大学各类社团薪火相传的动力；培养人才，是社团一以贯之的宗旨。经过长期的积累，各社团不仅拥有完备的人员档案、全面的培养计划、完整的社团文件，也有标准化的管理体系。

一、学生社团活动管理办法

第一条　为更好地管理学校学生社团活动，确保学生社团活动的健康有序进展，特制定本办法。

第二条　学生社团活动是指学生组织、学生社团（以下简称社团）依据章程规定有序开展的活动。

第三条　社团在开展社团活动前，必须经得社团指导老师同意，并报请归口团委批准。

第四条　学生社团活动过程必须确保社员人身安全。组织校外活动时，必须在带队老师指导下进行，且购买人身意外伤害保险。

第五条　未经批准，学生组织、学生社团严禁在校内外开展各类学生社团活动。

第六条　在开展学生社团活动时，不得散布违背宪法、法律、法规和党的路线、方针及政策的观点和言论。

第七条　不得开展与本学生组织、本学生社团宗旨不符的活动，不得开展纯商业性活动。

第八条　社团活动开展流程

（一）活动审批：社团须在活动开展前 7 天，于周一、周二按规定向归口团委提交完整活动策划（含经费预算和安全预案等）；校内活动场地，可在社联指导下完成场地审批，并由校社联做好活动备案。

（二）活动监督：在活动开展期间，各级社联对活动进行监督，不定时抽查，确保社团活动如策划内容举办。

（三）活动反馈与宣传：社团须及时向归口社联反馈活动进度，并认真撰写新闻稿、活动总结等材料。在校社联的指导下，各级社联及时做好社团活动的宣传报道工作。

第九条　活动策划内容

（一）活动时间（如是常规活动需说明频次，审批通过后可不需每次审批，一学期有效）。

（二）活动地点。

（三）活动名称及分类（按性质分类和频率分类都要有）。

（四）活动对象（参与活动的面向人群和相应要求）。

（五）活动目的及意义。

（六）活动历史及背景。

（七）活动主办方和承办方。

（八）活动具体开展（①前期宣传；②任务分配；③物料准备；④时间表安排；⑤细节补充）。

（九）活动预期效果（预期参与人数规模、活动的可行性分析等）。

（十）经费预算（如活动有赞助请写明赞助方信息及赞助形式等）。

（十一）活动的应急措施及安全保障。

（十二）另外，各类活动的特殊要求：①竞赛类：需要有竞赛规则、奖项设置、竞赛评委、报名表等；②展示类：节目单、流程表、活动场地规划、邀请的嘉宾、演职人员工作安排表等。

第十条　社会赞助

（一）接受社会赞助的物资，须报备归口团委审批后，方可使用。捐赠物资必须登记造册，严禁社团私自接受社会赞助或捐赠。

（二）接受社会赞助的资金，必须签订赞助协议，资金必须进入学校指定账户，严禁私设账户。

第十一条　出现下列情况之一的，归口团委、归口社联应当立即停止该社团所有活动，并进行整顿：

（一）安排进行高危活动时，没有必要安全保障的；

（二）没有经过审批备案而进行活动导致会员的身体、精神或财产受到伤害的；

（三）经过审批的活动由于组织不力导致会员的身体、精神或财产受到伤害的；

（四）未经批准组织活动或活动内容与申报审批内容不符的；

（五）从事违法乱纪活动的；

（六）其他经校团委认定必须立即停止的行为。

第十二条　社团网络宣传活动

（一）社团负责人、指导老师和归口团委对其运营平台的所有内容负全责。社团负责人负有主体责任，指导老师负有指导责任、归口团委负有管理责任。

（二）社团应当注重培养社团成员的网络文明意识，积极传播正能量。

（三）社团网站（主页）、微信公众号、微博、QQ 等新媒体平台必须遵守相关法律法规和学校管理条例，接受学校相关部门的管理。

第十三条　社团活动署名

（一）社团出具证明、发布公告、进行宣传时，应当遵守相关法律法规，冠校名：杭州电子科技大学，做到内容真实可靠并署社团全称。

（二）未经批准，社团不得私自使用各级团委、社团联合会或其他组织的名义开展活动。

二、学生社团管理条例

第一章　总则

第一条　为进一步推动学生社团健康发展，强化学生社团的育人功能，依据《高校学生社团管理暂行办法》，特制定本条例。

第二条　杭州电子科技大学学生社团（以下简称“社团”）是由学生根据兴趣爱好，遵循“自愿、自主、自发”的原则，依照其章程自主开展活动的群众性学生组织。

第三条　社团必须遵循和贯彻党的教育方针，坚持立德树人的基本导向，团结和凝聚学校广大学生，开展主题鲜明、健康有益、丰富多彩的线上和线下课外活动，繁荣校园文化，培养大学生的社会责任感、创新精神和实践能力，提升综合素质，促进大学生成长成才。

第四条　学校社团按照思想政治、学术科技、创新创业、文化体育、志愿公益、自律互助及其他等类别进行分类管理。

第五条　学校鼓励各学院、部门参与指导学生社团。鼓励校外企事业组织、社会团体及其他社会力量与学校团委、各基层团委共建社团。

第六条　严禁各学院、部门私自成立社团或群众性学生组织。严禁校外企事业组织、社会团体及其他社会力量和个人以各种名义在学校成立社团或群体性学生组织。

第二章　管理机构

第七条　党委统一领导社团工作。学校团委为学校社团的归口管理职能部门。各基层团委经学校团委授权，负责挂靠基层团委社团的日常管理工作。各级学生会、社团联合会负责协助各归口团委做好社团的管理工作。

第八条　学校团委成立校学生社团联合会（以下简称校社联），负责社团的成立、年审、注销、组织建设、活动管理、经费管理和工作保障等工作。

第九条　社团可根据实际工作需要，向学校团委申请成立学生社团团支部，建立健全团组织。

第十条　社团实行指导老师聘任制，指导老师的聘任遵循“谁聘请，谁负责”的原则，由社团的归口团委主要指导。社团指导老师须是本校在职教职工。外聘的社团指导老师须经过各级团委的批准，且须与本校社团指导老师联合进行指导。

第十一条　各级学生会要在校内学生组织中发挥枢纽作用，配合团组织加强对学生社团的引导、服务和联系。

第三章　社团成立、年审、注销

第十二条　社团实行注册制。新成立社团应至少由 3 名以上学生发起，有明确的社团指导老师、社团名称、未来发展目标、办团特色与亮点等条件。其中，社团名称需要冠校名：杭州电子科技大学。

第十三条　社团发起人应当具备以下条件：

（一）具有杭州电子科技大学正式学籍；

（二）思想健康，品德优良，成绩良好（专业课无不及格情况）；

（三）遵守校规校纪，无不良记录；

（四）学校规定的其他条件。

第十四条　社团登记成立时，须按照第四条中的类别，向校社联递交社团注册申请表、社长资料表、拟聘任的社团指导老师资料表和社团章程等材料，经校社联审核后，报请学校团委审批。

第十五条　拟筹备成立的社团，须在批复后10个工作日内召开社团会员大会。

第十六条　社团负责人换任须通过民主选举方式产生，由归口团委统一任命，并报至学校团委备案。各社团负责人换届工作应于每年5月前完成。

第十七条　社团成员须是具有我校正式学籍的学生。社团成员应定期注册，按章程缴纳会费，积极参加社团的各项活动。

第十八条　社团成员享有以下权利：

（一）了解所在社团的章程、组织机构和财务制度；

（二）对社团的管理和活动提出建议和质询；

（三）按照章程自由加入或退出该社团；

（四）享有社团的选举权和被选举权；

（五）其他应当享有的权利。

第十九条　社团实行审查制度。校社联应当及时做好学生社团事项变更的登记、章程的修改和注销等工作。每学期开学初1个月内，社团应提交本学期工作计划，并签订社团责任书。每年9月份，校社联对所有已注册学生社团进行年审。

第二十条　如社团出现下列情形之一，应当向校社联提出注销申请：

（一）连续3个月以上无大型或日常活动，且无社团内部交流的；

（二）多数社员退社，社团人数少于3人的；

（三）社团三分之二以上成员认为社团无存在意义并决议解散社团的；

（四）社团长期无社长或代名领导者，工作不能有序组织的；

（五）社团欲分立为若干相近社团或与相近社团合并的；

（六）由于其他原因提出终止的。

第二十一条　如社团出现下列情形之一，校社联将予以强制注销，对于造成重大责任事故的，将依法追究相关人员的法律责任：

（一）社团活动违反法律法规的；

（二）无故不完成各级团委安排的社团活动，造成严重影响的；

（三）无故缺席每学期的校社联会议三次以上的；

（四）应当进行定期注册而未注册，且通知后 1 个月内仍未注册的；

（五）每学期社团记过 3 次以上的；

（六）财务出现严重混乱，无法解释其财务收入和支出情况，经整顿无效的；

（七）指导老师不到位的；

（八）社团内部管理混乱的；

（九）经学校团委确定的其他强制注销事项。

第二十二条　社团因无法继续发展，需要注销的，社团负责人应当主动履行注销程序：

（一）社团负责人填写《社团注销登记表》《会员注销登记表》和《社团注销清算报告》，并向校社联提出申请。

（二）校社联审核确认后，报请学校团委批准。

（三）校社联将《社团注销申请表》及《社团注销清算报告》在校社联例会及社长例会上公示，公示无异后宣布社团注销。社团注销后，社团所有档案资料由社团联合会负责统一保管。

第二十三条　社团出现强制注销情形的，由校社联向社团开具《社团强制注销通知书》，并通知社团负责人限期办理社团注销手续。社团强制注销的程序，参照第二十二条执行。

第二十四条　社团注销期间及注销以后，严禁任何人以该社团名义从事社团活动。

第四章　社团的活动管理

第二十五条　社团举办活动须遵守高校相关规章制度，并按照相应的审批程序进行，不得在学生中散布违背宪法、法律、法规和党的路线、方针、政策的观点及言论，不得开展与其宗旨不符的活动，不得开展纯商业性活动。

第二十六条　社团在举办活动前，须按规定向归口社联提交一份包括经费预算和安全预案等在内的完整活动策划，提交场地活动（包括户外和室内）申请，经学校团委批准后方可按规定程序开展活动。

第二十七条　社团活动必须确保会员人身安全。出现下列情况之一的，归口团委应当立即停止该社团所有活动，并进行整顿：

（一）安排进行高危活动时，没有必要安全保障的；

（二）没有经过审批而进行活动导致会员的身体、精神或财产受到伤害的；

（三）活动经过审批，但由于组织不力等原因导致会员的身体、精神或财产受到伤害的；

（四）从事违法乱纪活动的；

（五）其他经学校团委认定必须立即停止的行为。

第二十八条　社团网站（主页）、微信公众号、微博、QQ 等新媒体平台必须遵守相关法律法规和学校管理条例，接受学校团委、校社联的管理和指导。社团归口团委、指导老师和负责人对其运营平台的所有内容负全责。社团应当注重培养社团成员的网络文明意识，积极传播正能量。

第二十九条　社团出具证明、发布公告、进行宣传时，应当遵守相关法律法规，做到内容真实可靠并署社团全称。社团不得私自使用各级团委、社团联合会、学校业务部门或其他组织的名义开展活动。

第三十条　各社团可根据实际需要，向各级社团联合会提交申请，由归口团委统一规划。各级社联要对活动室进行不定期检查。若有存放违禁物品、进行私人活动、破坏活动室等违规行为的，一经发现，将立即收回其使用权限。

第五章　社团的经费管理

第三十一条　学生社团活动经费应主要来自学校拨款、社会赞助和会员会费等合法渠道。社团经费必须用于社团集体活动。社团解散时，其财产由校社联进行清算。任何单位和个人不得侵占、私分或挪用学生社团活动经费。

第三十二条　校社联应当定期组织社团活动评审，对有特色、有亮点的社团活动，报学校团委批准后，予以适当支持。

第三十三条　社会赞助的资金或物资，须报归口团委审批后，方可使用。严禁社团私自接受社会赞助。

第三十四条　社团应当根据实际情况，经社团内部民主决策，学校团委批准收费标准后方可收取会费。会费收取后，应当定期进行公示，向社团成员公开，并接受社团成员及校社联等相关部门的监督和审查。

第六章　奖惩

第三十五条　学校团委、校社联为在社团工作中表现突出的社团成员开具相关证明。同等条件下，在推优评奖中予以优先考虑。

第三十六条　表现突出的社团负责人或主要成员，校社联会根据情况予以表彰，并在推优评奖等活动中重点推荐。

第三十七条　学生社团将实行星级评定制度。星级指数越高的社团，在资金申请、活动立项、社团招新、活动场地申请等方面将予以优先考虑。

三、团学活动室管理办法

第一条　为规范团学活动场地的管理，提高团学活动用房的利用率，制定本办法。

第二条　团学活动室由校团委管理，校学生社团联合会（以下简称为校社联）负责团学活动室的日常预约、管理、调配等。

第三条　团学活动室实行预约制，申请单位须为我校注册备案团学组织，且在当学年内无重大违纪情况。

第四条　团学活动室说明。可预约的团学活动室，根据各团学组织额定使用次数进行申请。

第五条　申请流程

（一）各团学组织进行线上活动场地申请，经归口团委同意，校社联、校团委审核通过，方可使用。

（二）线上申请审核通过后，凭申请回执单使用活动室。

第六条　活动室日常管理

（一）团学活动室钥匙由校社联统一保管，一律不外借。

（二）申请单位凭申请回执单，联系校社联值班人员开门，无回执一律不予开门。

（三）活动室使用结束，需进行简单打扫，并带走私人物品。

（四）活动室使用时间：每天晚上 22:00 之前停止使用活动室，违规 3 次及以上者取消本学期活动室使用资格，情节严重者，予以通报批评。

（五）团学组织应保管好线上预约回执信息，校社联会进行不定期检查，如发现未经许可使用活动室、活动室内卫生状况极差、使用违禁物品等违反校纪校规的情况，一经发现，立即取消本学期活动室使用资格。

（六）禁止毁坏公共财物，如有损坏需原价赔偿并且取消本学期活动室使用资格。

（七）校社联每个月对各团学活动室使用社团进行突击检查，如有发现在借用开放活动室后不使用且不取消的，或者不遵守团学活动室管理制度以及其他违规使用情况，取消该学期活动室的使用资格，并予以公示。本办法由校团委负责解释。

四、学生社团星级评定细则

第一章　总则

第一条　为进一步推动学生社团健康发展，规范社团管理，建立健全激励机制，依据《杭州电子科技大学学生社团管理条例（试行）》《杭州电子科技大学创新与拓展学分认定管理办法》《杭州电子科技大学关于大学生科技竞赛活动的有关规定》《杭州电子科技大学共青团信息工作考核实施办法》制定本细则。

第二条　学校团委指导，校学生社团联合会（以下简称为校社联）负责具体实施。校社联以公平、公正、公开为工作准则，接受所有学生社团和学生社团成员监督。

第三条　本办法适用于在校社联注册的所有学生社团。

第二章　星级种类

第四条　为体现不同学生社团的活动质量、服务水平和学生社团成员满意程度，学生社团实行星级评定制度，依次划分为一星级、二星级、三星级、四星级、五星级，其中一星级为本学期（星级评定学期）新成立学生社团、需要整改和正在整改的学生社团，五星级为最高等级。

第五条　学生社团星级评定分为学生社团管理、学生社团活动、学生社团财务和额外附加项评定三个部分，实行“整体确定，专项浮动”计分制。

第六条　学生社团星级评定从学生社团管理、学生社团活动、学生社团财务、额外附加项四个方面进行考核，总分以 80 + 20 为总分，其中学生社团管理（满分 30 分）、学生社团活动（满分 40 分）、学生社团财务（满分 10 分）、额外附加（满分 20 分）。

第七条　根据学生社团星级评定分数总和进行社团星级分类：得分≥ 85 分为五星级社团；得分≥ 75 分为四星级社团；得分≥ 60 分为三星级社团；得分≥ 30 分为二星级社团；得分＜ 30 分为一星级社团。

第三章　评定条件

第八条　凡参加星级评定的社团必须具备以下条件：

（一）热爱社会主义祖国，拥护中国共产党的领导；

（二）遵守国家法律法规，遵守校规校纪，品行端正，无违法违纪行为；

（三）严格遵守《杭州电子科技大学学生社团管理条例（试行）》；

（四）经校社联审核并经校团委批准成立的已注册合法学生社团；

（五）积极配合，主动参与归口团委及社联举办的所有校园活动。

第四章 杭州电子科技大学科技社团创新人才培养研究

第一节 新时代大学生科技创新教育

一、新时代科技创新教育存在的问题

2015年，习近平总书记在致国际教育信息化大会中指出，世界各国都非常重视以信息化推进高等教育系统变革，建设“人人皆学、处处能学、时时可学”的学习型社会，培养大批创新人才，是人类共同面临的重大课题。浙江为全国首个国家信息经济示范区，近年来，大力推进实施数字经济“一号工程”，数字经济的高速发展也迫切呼唤并一再倒逼地方高校必须快速推进信息技术支撑下人才培养的改革步伐。

随着电子信息技术的发展和“互联网+”技术的应用，新工科建设和工程专业认证，促使基于教育信息化的实践教学改革不断深化，不断更新教学资源和教学模式。传统的大学生科技创新教育存在以下问题：

（1）实践教学与管理滞后于信息技术发展，不能为信息时代高校人才培养提供有效支撑。受仪器设备、实验场地等影响，传统实践教学无法突破时空限制，教学模式单一、教学效率低下，难以适应新技术的发展需要。

（2）实践课程对应理论知识结构设立，教学项目围绕知识点展开，彼此间相互独立，不利于学科交叉型创新人才培养需要。实践教学很少超越书本，脱离工程实际，学生分析研究空间不足，创新思维能力培养受限制。

（3）创新实践环境和资源开放共享机制滞后匮乏，忽视能力培养和达成，创新教育受益面窄。学生规模的扩大，优质创新实践资源等相对欠缺，学生参与科技创新、项目训练和科研训练的机会不多。

杭州电子科技大学作为一所以电子信息为特色的高等院校，肩负着为国家培养电子信息高层次人才的重任，必须面对信息技术日新月异带来的挑战，在实践教学模式和教学手段上进行探索与创新。本书以培养学生科技创新能力为目标，从课程改革入手，依托信息化技术，重构教学环境；通过构建“线上线下混合、课内课外融合、理论实践结合”的育人模式，结合开放共享网络课程教学、校企共建实践基地、动态更新实践项目库等资源建设，形成培养目标引领，育人模式配套，优质资源支撑的实践育人体系。

二、新时代科技创新教育现状

二十一世纪是电子信息的世纪，以集成电路发展为原动力，嵌入式系统、计算机技术、工业控制等信息技术领域蓬勃发展；作为这一领域的专业核心课程——“数字电子技术”系列课程，其地位和重要性也被推到了前所未有的高度，也对这一系列课程的教学内容提出了极大的挑战。然而，国内众多高校该系列课程教学内容难以适应信息技术的发展需要。

人才培养成本增大，软硬件资源欠缺。随着电子信息技术不断朝高频化和微型化发展，电子系统设计辅助仪器软硬件设备也朝着精密化和复杂化演变，成本骤然提高，高校在有限教育经费下只能购买一定数量的仪器设备。传统实验方式下，学生对高精度、高复杂度的软硬件接触机会有限，必须在实验方式上进行革新。

慕课 (Massive Open Online Course, MOOC) 等网络化教学模式的兴起，向传统课堂教学模式发起了挑战，各大高校都开始进行开放式网络教学的探索与研究。与之相对应的实践模式和手段也必须进行创新，虚拟仿真平台是基于互联网的实验教学、技术交流、共同研究和协同工作平台，能够与 MOOC 等网络化教学方式有机结合。

在国防、军工、化工、能源等领域涉及高危或极端环境、不可及或不可逆操作、高成本、高消耗和大型系统中，学生鲜有机会进行系统检测、控制等工业自动化方面的实验设计，如何借助信息化技术进行远程实验或仿真实验已成为高校进行实践教学必不可少的选择。

本书围绕以信息技术引领教育变革为突破口，从“重构电子类专业实践课程体系、打造满足泛在学习需求的远程实境实验平台、创建三元融合实践教学模式、构建开放共享的优质实践教学资源、形成数据驱动的多元化教学评价”五个维度进行研究与实践，推进信息时代电子类专业人才培养体系改革，形成一种信息技术深度融合、优质教学资源强力支撑、自主研学特色鲜明的实践育人体系。同时，通过项目实施，以点带面，引领各地各校围绕教育现代化建设热点和难点问题，探索基于技术的教育教学融合创新，推动我省智慧教育上新台阶，支撑和引领教育现代化。

第二节 大学生科技社团创新教育模式研究

科技创新教育研究依托杭州电子科技大学团委，紧跟学科发展、对接行业需求，以实践项目为载体，以任务和要求为驱动，以培养学生解决实际工程问题为目标，重构了适应新技术发展的电子类专业科技创新人才培养体系。借助信息化技术，重构实践教学环境，以满足电子类专业“高阶性、创新性、挑战度”实验教学和学生“泛在化”学习需要。科技创新教育改革目标如图 4-1 所示。

图4-1 科技创新教育改革目标

团队教师在“跟踪学科发展、对接行业需求”的育人理念指导下；以综合性实践项目为载体，实践教学紧跟学科前沿、对接行业需求、注重学科交叉融合；通过信息化实践教学资源建设，落实产出导向教学理念，推进创新型人才培养模式和机制改革。通过研究将进一步提升国家级实验教学中心的实践教学能力；更好地服务于省属高校电子信息类本科学生的工程创新能力的培养目标。通过项目实施，以点带面，引领各地各校围绕教育现代化建设热点和难点问题，探索基于技术的教育教学融合创新，推动高新智慧教育上新台阶，支撑和引领教育现代化。

1. 解决如何让信息技术深度融合，渗透到创新型人才培养实践教学环节

教学团队将积极探索将信息技术运用到实践教学的实施过程；通过在中国大学 MOOC 和超星泛雅网络教学平台上开设数字电子技术系列课程，在虚拟仿真实验教学平台上开放共享实验教学项目等，满足学生随时获取课程教学资源的需要，实现了线上线下混合式教学；依托智能车俱乐部、机器人俱乐部、无线电俱乐部等大学生科技创新基地，延伸了实践教学的时间和空间，实现了课内实验与课外实践环节的融合；通过组织学生积极参与国家、省、校以及院级等学科竞赛，参与国家、省、校以及院级等创新创业训练计划，使学生将掌握的理论知识更好地应用到创新实践中，实现了理论课程教学和实践教学的融合。

2. 实践教学与科学研究紧密结合，着力培养学生工程实践创新能力

针对传统实践教学的局限性，团队教师将跟踪学科发展，以培养多学科交叉复合型人才为出发点，结合科学研究和行业需求，精心设计系列“高阶性、创新性、挑战度”实验项目，并采用持续动态更新的模式完成实践项目库的建设，着力培养学生的工程实践创新能力。

3. 开放式远程实验教学平台助推实验教学改革，满足学生泛在学习需要

借助信息化技术，重构实践教学环节，通过建设三相异步电机和三相交流电等系列远程控制虚拟实验平台，有效地拓展了教学的时空领域，学生可随时随地在线预约实验，开展电子类实验设计、测试、研究等工作。同时，远程控制实验平台配置了高清摄像机、拾音设备，让远程学习者有身临其境的体验，了解实验过程细节及实验结果，满足泛在学习需要。

一、培养方案设计

1. 培养目标

培养适应经济建设和社会科技发展需要的，具有国际视野、良好的科学素养和职业道德，在电子信息相关领域从事科学研究、工程技术开发、生产管理与行政管理理等工作的高素质专门人才。

期待毕业生五年以后达到以下目标：

（1）具有良好修养和职业素养，在工作中具有社会责任感、良好的职业道德和敬业精神；

（2）能运用所学的专业知识和技术，对实际工作中遇到的电子信息相关问题进行分析，设计技术方案，并能解决实际工程问题；

（3）在电子信息相关领域从事产品设计测试、技术研发、项目管理或教学科研工作；

（4）具有不断学习适应社会发展和行业竞争的能力；

（5）团队工作中，能跨职能分工合作，具有良好的领导、组织能力。

2. 毕业要求

（1）知识：能够将数学、自然科学、电子类工程基础、专业基础和专业知识用于解决复杂的电子信息工程问题。

（2）分析：能够应用数学、自然科学和电子信息科学的基本原理，识别、表达并通过文献研究分析复杂的电子信息工程问题，以获得有效结论。

（3）设计：能够设计针对电子信息复杂工程问题的解决方案，设计满足特定需求的电子器件、电路和系统，并能够在设计环节中体现创新意识，考虑社会、健康、安全、法律、文化以及环境等因素。

（4）研究：能够基于科学原理并采用科学方法对电子信息的复杂工程问题进行研究，包括设计实验、分析与解释数据，并通过信息综合得到合理有效的结论。

（5）使用现代工具：能够针对电子信息复杂工程问题，选择与使用恰当的PCB 加工工艺或芯片流片工艺，开发与使用各种电子测试相关仪器设备，包括信号发生器、示波器、数字万用表、电源、频谱分析仪等，选择与使用各种仿真软件，如 pspice、multisim 等，包括对电子信息复杂工程问题的预测与模拟，并能够理解其局限性。

（6）工程与社会：能够基于电子信息工程相关背景知识进行合理分析，评价电子信息专业工程实践和复杂工程问题解决方案对社会、健康、安全、法律以及文化的影响，并理解应承担的责任。

（7）环境和可持续发展：能够理解和评价针对电子信息复杂工程问题的专业工程实践对环境、社会可持续发展的影响。

（8）职业规范：具有人文社会科学素养、社会责任感，能够在电子信息工程实践中理解并遵守工程职业道德和规范，履行责任。

（9）个人和团队：能够在多学科背景下的团队中承担个体、团队成员以及负责人的角色。

（10）沟通：能够就电子信息复杂工程问题与业界同行及社会公众进行有效沟通和交流，包括撰写报告和设计文稿、陈述发言、清晰表达或回应指令。并具备一定的国际视野，能够在跨文化背景下进行沟通和交流。

（11）项目管理：理解并掌握电子信息相关工程管理原理与经济决策方法，并能在多学科环境中应用。

（12）终身学习：具有自主学习和终身学习的意识，有不断学习和适应发展的能力。

3. 核心课程

电路与电子线路Ⅰ、Ⅱ，信号与系统、数字逻辑电路、电磁场与电磁波、通信电路与系统、EDA 技术、计算机原理与接口技术、数字信号处理、通信原理、信号检测与处理。

4. 培养特色

为了更好地体现培养目标，按照工程型人才培养需要，建立了由课程实验、课程设计、专业实践综合设计、生产实习和毕业设计组成的实践教学体系。通过实验课程设置和新实验课程的开设，完善课程体系建设，加强实践教学，着力培养具有实践动手能力的创新人才。在开设的实验课程中，按照实验类型可分为基础实验、专业实验和实践环节课程三类。

（1）基础实验为电路分析实验、模拟电子技术实验、现代数字电子技术基础实验、通信电路与系统实验。

（2）专业实验按方向可分为 FPGA 应用与实践、信号与系统实验、单片机原理实验、计算机网络工程等。

（3）实践环节课程为电路与电子线路综合设计、数字系统课程设计、创新性实验、毕业实习、毕业设计。

重点围绕学生电路设计能力和计算机应用能力的培养来强化实践教学的培养目标。针对本专业的特点，设置了电路与电子线路实验、电路分析实验、模拟电子技术基础实验、现代数字电子技术基础实验、通信电路与系统实验、创新性实验等。希望不断强化学生在电路分析与设计应用中的实践能力。在计算机应用能力培养方面开设了高级语言程序设计实验、FPGA 应用与实践、单片机原理与应用实验、信号与系统实验等，可使学生体会到计算机这一实践工具在不同领域实际应用中的重要作用。

二、大学生科技社团创新教育改革举措

科技创新教育研究以学生需求为出发点，借助信息化技术，重构实践教学环境，建立适应新技术发展的电子类专业实践教学体系，实施“线上线下混合、课内课外融合、理论实践结合”的实践育人教学模式。本书主要通过课程体系、教学环境、教学模式、教学资源和教学评价等方面的改革，对电子类专业实践教学中长期存在的主要问题进行了有效探索和实践。

1. 重构适应信息技术发展的电子类专业实践课程体系

以信息技术引领教育变革为突破口，对电子类专业实践课程实施改革，采用“实验慕课”和“翻转实验室”等课堂形式，变革实验教学模式，适应新时代以学生发展为中心的教学需求；通过“打破课程间藩篱、优化课程内容、强化实践环节”等举措，解决传统实践教学中传授知识有余、学生分析研究不足的问题；同时，遵循“两性一度”标准开发虚拟仿真实验项目、远程在线实境实验项目，提升实践教学质量，重构电子类专业实践课程体系。

2. 构建满足泛在学习需求的远程实境实验平台

积极开展信息化条件下实践教学研究和建设，依托“三个中心”，构建跨越时空限制以及资源共享的远程实境实验平台，满足“两性一度”教学和学生“泛在化”学习需要。基于平台开设的各类教学项目，已在杭州电子科技大学、墨西哥蒙特雷科技大学、浙江工业大学、浙江师范大学、中国计量大学、西藏农牧学院、武汉东湖学院、长春工程学院等 30 余所高校推广使用；在消除部分现场实验面临安全隐患的同时，培养了学生解决复杂工程问题的能力。

3. 采用“三元融合”方法创新实践教学模式

为适应信息技术的发展需求，采用“线上自学与线下实践相混合、课内实验

与课外实践环节相融合、理论课程教学和实践教学相互结合贯通”的三元融合方法，创新多元化实践教学模式；通过教学模式的实施，让学生尽早接触工程实际，开展探索性研究。以国家、省、校、学院四级大学生科技创新项目和学科竞赛为主要载体，组织、指导学生课外研学，培养了一大批具有扎实理论基础和实践创新能力的拔尖人才，涌现了“小平科技创新团队”“无线电协会”“科技创新孵化器”等一批学生创新团队。

4. 通过自建、共建、共享方式建设优质实践教学资源

建立了结构合理、学术水平高、热心于实践教学的专职教师队伍，获得“电工电子实验国家教学团队”称号。团队教师通过自建、共建、共享三种方式汇聚优质实践教学资源，支撑多元化实践教学模式，显著提升实践质量。

结合科学研究和行业需求，团队教师将开发系列“高阶性、创新性和挑战度”实验项目，让学生运用已经掌握的理论知识，通过分析思考，高水平地完成实验要求。团队教师还将采用持续动态更新的模式完成实践项目库的建设，将企业工程实践创新项目、教育部协同育人项目和科研项目等应用于实践教学，学生将实践教学项目进行功能拓展后可用于创新创业训练，经传承培育后孵化为产学研合作项目。如颜色空间模型火焰识别系统为跨学科融合综合性实验项目，学生通过融合 RGB 和 HIS 模型的优点，重新定义火焰系统的约束条件，提高火焰识别的准确率（见图 4–2）。

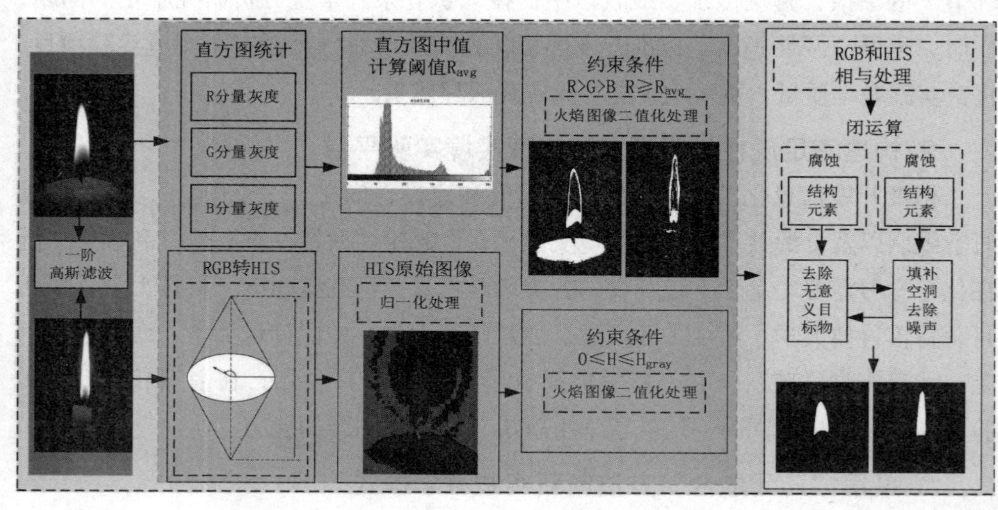

图4–2　颜色空间模型火焰识别系统原理框图

又如标记分水岭图像分割系统为跨学科融合综合性实验项目，学生通过最小覆盖运算对梯度图像的处理运算进行改进，使得标记区域为局部最小值，提高图像分割效果（见图 4–3）。

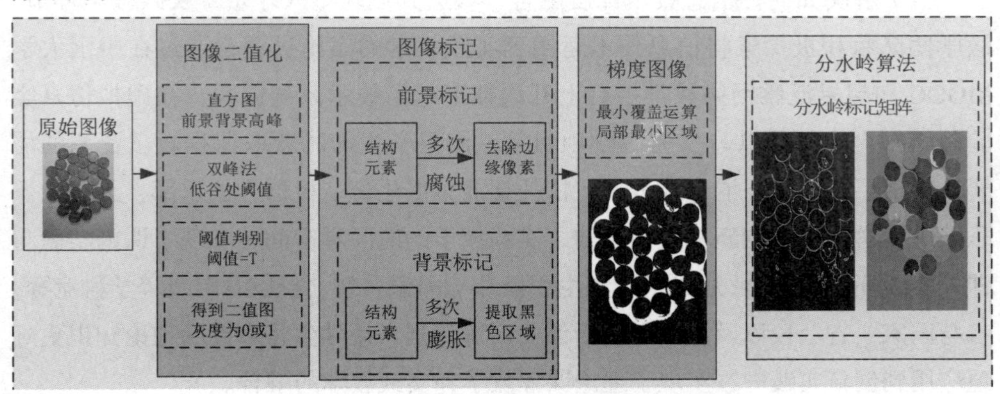

图4–3　标记分水岭图像分割原理框图

5. 构建数据驱动的多元化的实践教学评价机制

依托杭州电子科技大学远程实境实验平台，开发建设教学基本状态数据库，通过线上线下多种渠道采集学生学习过程数据，为学情诊断、综合评价和学业规划提供支撑，形成数据驱动的过程化综合评价。推行全过程学业评价改变“期末考试定成绩”的做法，将“自主设计、论文答辩”模式纳入教学评价机制，构建信息时代以学生发展为中心的实践教学评价机制（见图 4–4）。

部门学生数量Top10

1	电子信息类	1548人
2	计算机科学与技术	1079人
3	电子信息工程	661人
4	信息与通信工程类	615人
5	通信工程	596人
6	自动化	506人
7	理工类实验班	488人
8	软件工程	322人
9	电气工程及其自动化	186人
10	机械设计制造及其自动化	167人

图4–4　实践课题教学状态数据

三、大学生科技社团创新教育改革特色

1. 教育改革拟解决的关键问题

（1）解决如何让信息技术深度融合，渗透到创新型人才培养实践教学环节。教学团队将积极探索将信息技术运用到实践教学的实施过程；通过在中国大学MOOC和超星泛雅网络教学平台上开设数字电子技术系列课程，在虚拟仿真实验教学平台上开放共享实验教学项目等，满足学生随时获取课程教学资源的需要，实现了线上线下混合式教学；依托智能车俱乐部、机器人俱乐部、无线电俱乐部等大学生科技创新基地，延伸了实践教学的时间和空间，实现了课内实验与课外实践环节的融合；通过组织学生积极参与国家、省、校以及院级等学科竞赛，参与国家、省、校以及院级等创新创业训练计划，使学生将掌握的理论知识更好地应用到创新实践中，实现了理论课程教学和实践教学的融合。

（2）实践教学与科学研究紧密结合，着力培养学生工程实践创新能力。针对传统实践教学的局限性，团队教师将跟踪学科发展，以培养多学科交叉复合型人才为出发点，结合科学研究和行业需求，精心设计系列“高阶性、创新性、挑战度”实验项目，并采用持续动态更新的模式完成实践项目库的建设，着力培养学生的工程实践创新能力。

（3）开放式远程实验教学平台助推实验教学改革，满足学生泛在学习需要。借助信息化技术，重构实践教学环节，通过建设三相异步电机和三相交流电等系列远程控制虚拟实验平台，有效地拓展了教学的时空领域，学生可随时随地在线预约实验，开展电子类实验设计、测试、研究等工作。同时，远程控制实验平台配置了高清摄像机、拾音设备，让远程学习者有身临其境的体验，了解实验过程细节及实验结果，满足泛在学习需要。

2. 教育改革特色

（1）基于工程实践创新能力培养，重构电子类专业人才培养体系。以数字电路课程改革为切入点，优化课程内容，强化实践教学，将《数字电路》《脉冲与数字逻辑电路》《现代数字电子技术基础实践》《数字系统课程设计》《EDA技术》《片上系统设计及应用》《嵌入式系统》等课程授课时间进行提前；由点到面，重构适应新技术发展的电子类专业人才培养体系；让学生提前进入理论与工程实际相结合的训练阶段，尽早进入实验室完成自主性、创新性实验项目

的设计，参加各种课外科技活动，参加国家、省、校以及院级的竞赛活动，参与国家、省、校以及院级的创新创业训练项目，提升培养学生的实践创新能力。

（2）创建了适应新技术发展的三元融合实践教学模式。为适应新技术的发展需求，依托各类网络教学平台、大学生科技创新基地、学科竞赛，创建了“线上自学与线下实践相混合、课内实验与课外实践环节相结合、理论课程教学和实践教学相互融合贯通”的实践教学模式，有效地延伸了实践教学的时间和空间，拓展了学生的视野，加强了学科之间的交叉融合，更新了工程型人才知识体系；以研发企业资助项目为载体、以项目驱动创新为机制、以校企协同考核为激励，系统化实现校企协同培养新模式，实践教学与行业应用无缝对接，满足学生工程实践创新能力培养的需要。

（3）建设了支撑实践教学模式的开放式远程实验教学平台。为支撑教学模式实施，基于“资源开放与共享机制协调，硬件平台与软件资源协调、自主研学与质量监管协调”的理念，建设以国家级教学团队、国家级实践平台、国家规划教材与国家精品课程为标志的资源平台。以满足电子类专业“高阶性、创新性、挑战度”实验教学和学生“泛在化”学习需要，建设开放式远程实验教学平台，实现实验自主预约、智能考核、在线提交及批改实验报告、实验项目库开放共享等教学质量保障功能。

第三节　支撑科技社团创新教育的资源建设

一、科技创新教育资源概况

基于“资源开放与共享机制协调、硬件平台与软件资源协调、自主研学与质量监管协调”的实践资源建设理念，建设了高层次的优质资源平台，包括“基本训练教学”“科研成果转化”“企业合作共享”三大类科技创新实践教学资源，科技创新教学改革资源组成架构如图 4–5 所示。

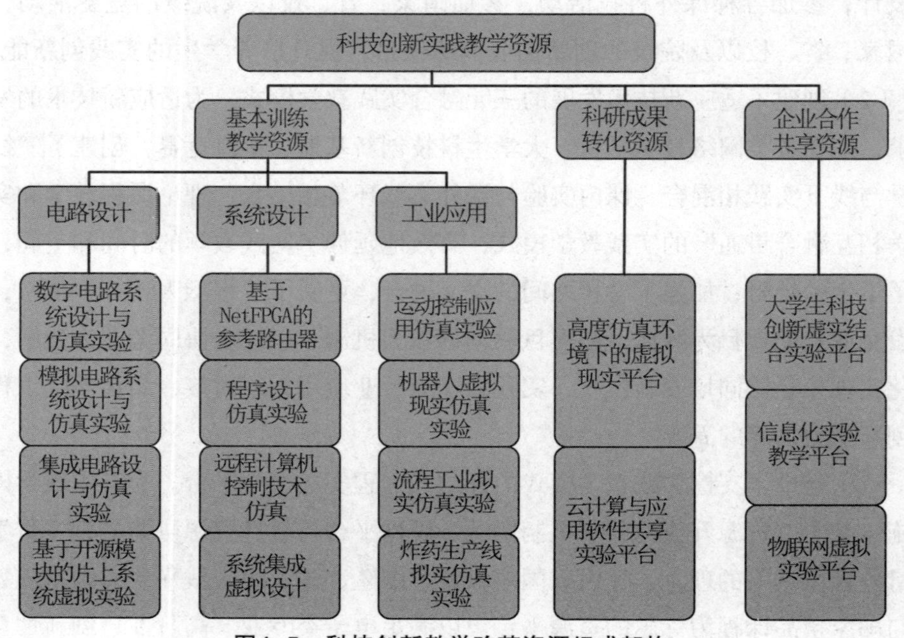

图4–5　科技创新教学改革资源组成架构

1. 基本训练教学资源

包含电子设计、系统设计和工程应用三部分科技创新实践内容，注重学生基本技能的培养。电子设计由“数字电路系统设计与仿真实验”“模拟电路系统设计与仿真实验”“集成电路设计与仿真实验”“基于开源模块的片上系统虚拟实验”四部分组成。系统设计由“基于 NetFPGA 的参考路由器”“程序设计仿真实验”“远程计算机控制技术仿真”“系统集成虚拟设计”四部分组成。工程应用主要由“运动控制应用仿真实验”“机器人虚拟现实仿真实验”“流程工业拟实仿真实验”“炸药生产线拟实仿真实验”四部分组成。

2. 科研成果转化资源

实践教学资源由“高度仿真环境下的虚拟现实平台”和“云计算与应用软件共享实验平台”两部分组成，注重学生新技术及应用能力的培养。依托电子科学与技术和电子信息工程等国家级优势特色学科，将科研成果转化为实验教学资源，科研反哺实验教学，以高素质人才培养作为科研工作的出发点与落脚点；将学科建设的成果转化为人才培养优势。

3. 企业合作共享资源虚拟仿真教学平台

注重学生工程应用综合创新能力的培养，主要从解决工程实际问题出发，采用工程通用仿真软件进行电路仿真设计、虚实结合调试、产学研项目开发等逐级深入的实践培养环节；与行业应用实现无缝对接，满足电子信息技术人才培养需要。让学生达到在实验室所学所见即工业现场所用的高度，在建立现代工业自动化的宏观概念同时，实现仿真系统、真实过程控制系统的组态调试。

二、科技创新教育课程资源建设

（一）“数字系统课程设计”实践教学资源

“数字系统课程设计”包含了数字电路验证性仿真、简单数字系统仿真、复杂数字系统 HDL 仿真、系统级仿真与硬件实验等项目。构成了完整的从简单到复杂、从仿真到硬件验证的数字电路系统设计与仿真实验课程。

数字化实践教学资源是基于自行研制的数字技术综合实验开发系统这个硬件实验装置，结合 Multisim、Quartus II、ModelSim 和 Matlab/Simlink 等软件，使用 SignalTap II、In-System Sources and Probes、Matlab Simlink HIL 等软硬件协同仿真技术来构建完善的数字系统设计综合虚拟仿真与硬件验证实验。

1. 数字化教学目标

实验包括从简单数字电路虚拟仿真到复杂数字系统的系统软硬件验证。通过多种 EDA 软件实现不同复杂规模数字系统的仿真验证。

通过 MultiSim 软件主要实现简单数字逻辑电路、简单数字模拟混合系统的虚拟仿真验证，通过直观形象化的视图元件，模拟数字实验室的仪器，可以让初学数字电路的学生有直观认识。

通过 Quartus II 和 ModelSim 软件可以实现较为复杂的数字系统的原理图设计与 HDL 设计，并且进行仿真验证，通过搭建专业测试平台，模拟实际数字系统中的输入激励。采用 SignalTap II 和 In-System Sources and Probes 技术实现硬件上的仿真调试。Quartus II 和 ModelSim 仿真软件可以让学习 EDA 技术课程的同学，对所学的 HDL 进行实验验证并使用 HDL 建立较为复杂的数字系统。基于 Quartus II 仿真软件进行复杂数字系统设计如图 4–6 所示。

Matlab/Simlink 工具主要是建立高层次的、复杂的数字系统，通过 HIL 技术（Hardwa In-Loop 硬件回环）做到虚拟仿真与实际硬件仿真相结合，进行复杂数字系统的功能验证。

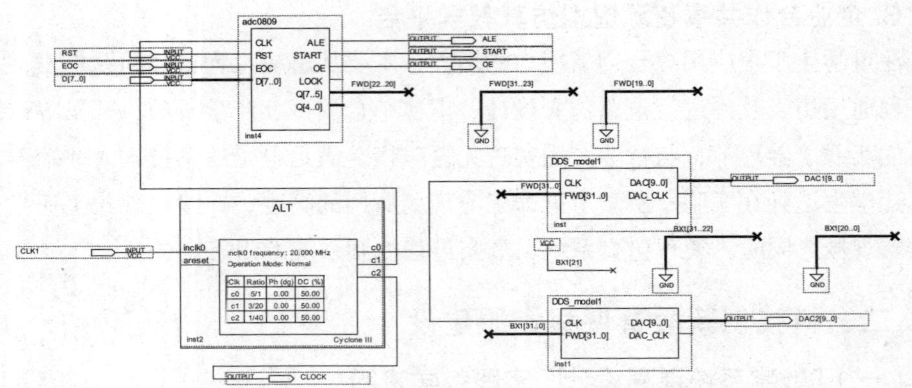

图4-6　基于Quartus II设计的李萨如图信号发生器

2. 效果与特色

在计算机上用 Multisim 建立虚拟仿真实验，可以方便地搭建各种电路，以及对电路进行仿真与测试，弥补了传统实验教学中存在的设备紧张、仪器陈旧、元器件损耗等不足，激发了学生的学习兴趣。基于 Multisim 的仿真实验作为一种电子技术实验教学方式，它不应该也不可能取代传统的实验方法，从培养学生运用基础理论知识和提高实际操作能力出发，把 Multisim 仿真实验和传统的实验教学有机地结合起来，取长补短，如学生在进行复杂电路设计时，可以先采用 Multisim 软件进行设计，验证设计方案的可行性，再搭建硬件电路进行调试，可达到事半功倍的效果，更好地满足现代电子技术实验教学的要求。实践证明以 Multisim 等为代表的 EDA 软件，在电子技术课程教学和实验教学中发挥着重要的作用，这种新的实验方式是电路实验教学的一种很好的辅助手段，并且为学生进行综合性、创新性实验提供了一个很好的平台，在改进实验教学方法、提高实验教学质量、培养学生创新能力和动手能力等方面发挥着非常重要的作用。

比如，数字电子钟计时系统实验中涉及比较复杂的逻辑电路连线，在以往的非虚拟仿真实验中，需要学生手工去连接，费时费力，而且在规定的时间内，往往完不成实验任务。而修改为在 MultiSim 上实现虚拟仿真实验，可以快速修改连接线，直观获得实验结果。

通过 Quartus II 和 Modelsim，可以方便地对数字系统进行仿真，这种仿真形式是虚拟的，并不是实际的硬件结果。通过采用 SignalTap II 嵌入式逻辑分析仪，可以在软件上通过 JTAG 下载调试对实际硬件进行操作，在软件上重现实验结果，可以做到虚拟与实际的对照，让学生有更为直观的认识。

（二）“片上系统”数字化教学资源

随着集成电路制造水平的不断提高，设计者可以在单芯片上集成几百万门的复杂系统，即片上系统（System-on-Chip）。近年来，SoC已经成为当今集成电路设计的主流方向，成为嵌入式系统的基础和微电子学的核心，片上系统设计(SoC)的教学成为高校集成电路人才培养一个不容忽视的环节。然而片上系统设计(SoC)教学资源投入巨大，高校教学资源匮乏等原因使得高校目前SoC设计人才的培养与企业的需求之间存在很大的鸿沟。

面对片上系统设计人才培养的迫切性和教学困难之间的矛盾，数字技术教学基地以OpenCores的开源共享IP模块为基础，采用开放网络环境构建了基于开源模块的片上系统(SoC)虚拟实验平台，作为集成电路科研与教学的有效平台，用于培养高层次集成电路设计人才。首先，根据学生选课情况给学生分配实验账户(VNC账户和密码)，学生采用VNC终端可以在任何地方登录服务器进行SoC设计实践。实验平台以OpenCores的开源IP模块为基础，学生实践过程开发的IP和SoC为扩展，不断积累资源；工作服务器安装有一定数目的常用SoC设计仿真软件，学生通过“分时复用”共享软件。

1. 教学目标

片上系统(SoC)设计以IP为基础，以软件为灵魂，所以SoC设计实例分为三个层次：IP模块层、SoC系统层和软件开发层。按照一般SoC设计的步骤，实验内容主要分为三个阶段：IP模块开发、SoC集成和驱动开发测试。鉴于SoC设计开发周期长、实验资源有限等特点，实验训练项目以分组形式，采用课堂课余结合方式进行，课堂用于基本知识讲解与疑难解答，课余学生通过远程网络可以在学校任何地方借用实验平台协作完成相关开发。

（1）基础IP开发。组内学生根据本组设计的片上系统(SoC)功能需求，讨论确定开发IP模块的功能或者现有IP模块中所增加的功能，根据功能完成说明书，分工合作采用HDL完成IP的开发。通过本阶段实验可以巩固学生掌握的HDL语言，提高对需求的分析能力、资料查找能力及合作能力。

（2）SoC集成。根据功能确定SoC架构，从开源IP库、实验室研究成果和历届学生开发的IP中选择合适IP模块，协作完成SoC系统的集成。本阶段实验可以使学生掌握片上系统概念、片上系统设计步骤、常用EDA工具适用以及增强学生的工程实践能力。

（3）驱动开发与 FPGA 验证。基于仿真环境，完成自主开发 IP 模块驱动开发，完成 SoC 功能仿真测试和驱动验证；利用 Xilinx FPGA 综合工具，完成设计 SoC 的 bit 文件生成；分批在实验室 FPGA 板子上完成 SoC 测试，由于在 FPGA 板子测试前已经完成相应仿真实验，SoC 功能、测试程序等均已相对稳定，能够利用课堂时间快速完成 FPGA 测试。本阶段实验能够培养学生软硬件协同设计意识、基于 FPGA 设计能力及工程实践能力。基于 Xilinx 仿真软件进行复杂数字系统设计如图 4-7 所示。

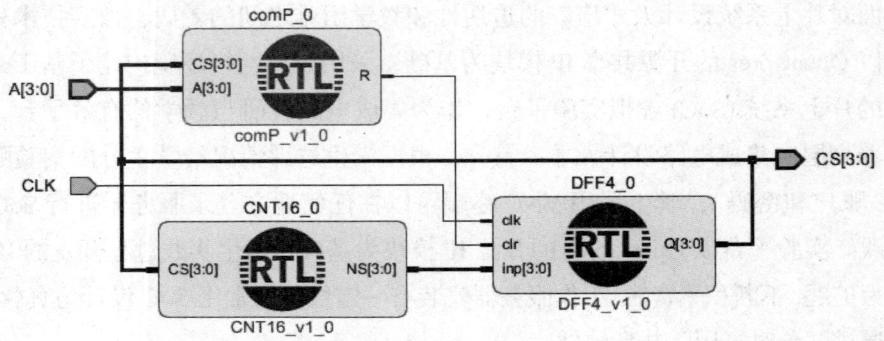

图4-7　基于Xilinx设计的一般模型计数器

2. 效果与特色

片上系统设计虚拟平台采用开放网络环境，具有“开放、共享、积累”的特性：

（1）共享性。共享 OpenCores 上丰富的 IP 模块和开源处理器 OpenRisc，以此为基础开发片上系统 (SoC)；

（2）开放性。利用开发网络环境，使学生在寝室、教室、实验室均能登录服务器共享 SoC 设计 EDA 工具进行仿真实验；

（3）积累性。从历届学生设计的 IP 中挑选优秀作品，逐渐丰富 IP 模块库，逐步提高 SoC 设计复杂度。

（三）自制教学设备

团队教师自主研发了电工电子智能物联实验教学平台，用于支撑科技创新教育。平台由人机交互系统、智能实验管理系统、实验教学套件等组成，满足科技创新信息化教学、学生课外科技实践等需要。平台能将每次实验的预习测验、操作、报告等过程数据进行信息化管理和统计分析、生成成绩报表，提高实验教学效率。平台实物如图 4-8 所示。

（a）

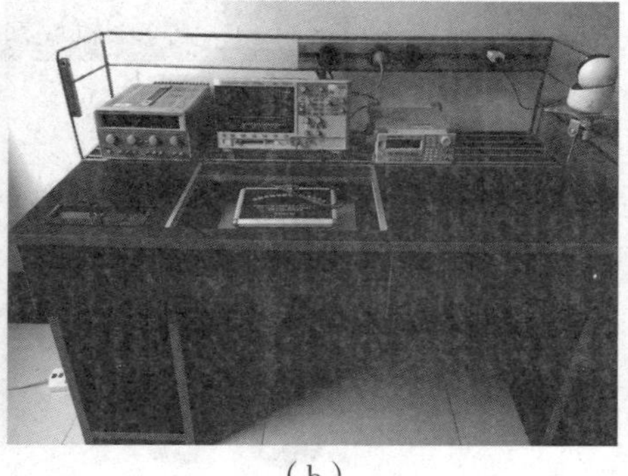
（b）

图4-8　电工电子智能物联实验教学平台

三、科技创新教学管理系统 APP 建设

科技创新教学管理系统 APP 作为开放式实践教学管理平台的辅助功能，以开放式实践教学管理平台为基础，做到信息互通。用户在手机端操作 APP，在一定程度上简化了开放式实践管理系统与用户的操作方式，方便了用户的操作与体验。

根据角色不同，科技创新教学管理系统 APP 功能如下：

（1）学生：实验预约、工位预约、预约管理、设备借出、借出管理、实物实验、个人课表查看、答疑室、个人信息管理。

（2）教师：实验室预约、预约管理、设备借出、借出管理、安排实验、已安排实验管理、考勤管理、实物实验、个人课表查看、答疑室、个人信息管理。

（3）实验室管理员：添加实验室、实验室管理、设备借出审核、实验室预约审核、答疑室、个人信息管理。

（一）学生

1. 登录

科技创新教学管理系统 APP 入口，如图 4-9 所示，打开 APP 后，在登录页面填入账号及密码，点击登录，即可进入 APP 功能页。

2. 实验预约

在可预约时间段内，预约教师安排的自选时段课程或对已预约的时间段进行取消预约操作。

点击实验预约，进入实验预约功能页。点击实验，查看该实验的开放时段，点击想要预约的某个时间段，弹出预约提示框，此时可进行预约实验操作（见图 4-10）。

图4-9　登录界面

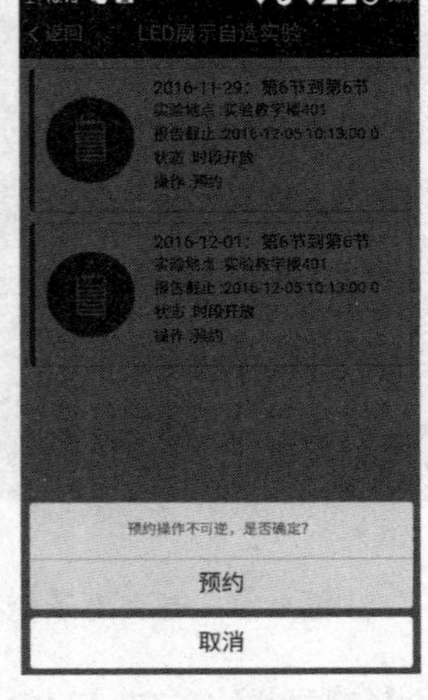

图4-10　实验预约界面

3. 工位预约

预约现实实验室的工位，预约成功后前往实验室做实验。点击工位预约，进入工位预约功能页。此时显示可预约的实验室列表，点击实验室进入时间选择页面，设置好预约的时间后，点击搜索图标即可查询该时间段内可预约的工位，选择工位，点击预约进行预约工位操作（见图 4-11）。

4. 已预约工位

管理已预约的工位，可在可以取消预约的时间段内进行取消预约工位操作。点击已预约工位，进入预约管理功能页。此时显示已预约的实验室列表，点击实验室，查看在该实验室预约的工位列表，在可取消预约时间内点击工位进行取消预约（见图 4-12）。

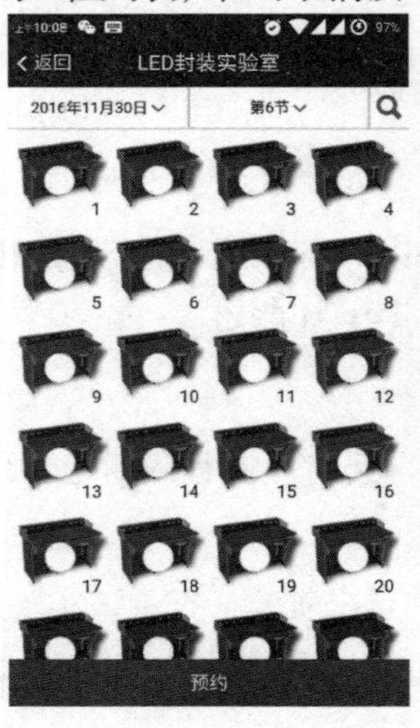

图4-11　工位预约界面

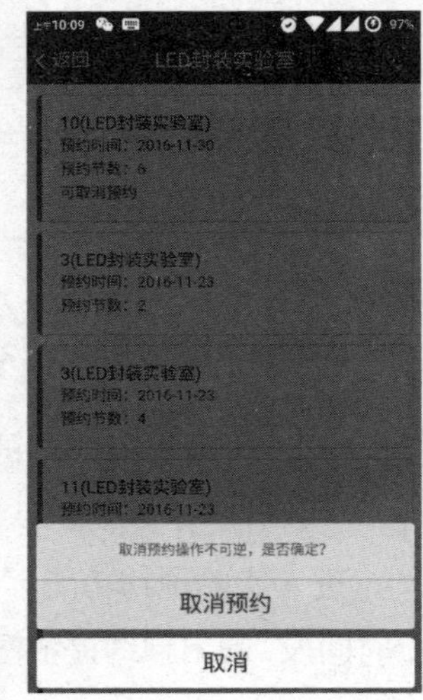

图4-12　已预约工位界面

5. 设备借出

通过系统查询可以外借的设备，申请登记。点击设备借出，进入设备借出功能页。此时显示可借出的设备列表，点击想要借出的设备，弹出设备借出记录页，填写借出时间、归还时间及借出原因后进行设备借出操作（见图 4–13）。

6. 查看借出

查看设备借出申请，可对未领取的设备借出进行取消申请操作。点击查看借出，进入查看借出功能页。此时显示已申请的设备列表，点击想要取消申请的设备，弹出取消操作框，即可进行取消申请操作（见图 4–14）。

图4–13　设备借出界面

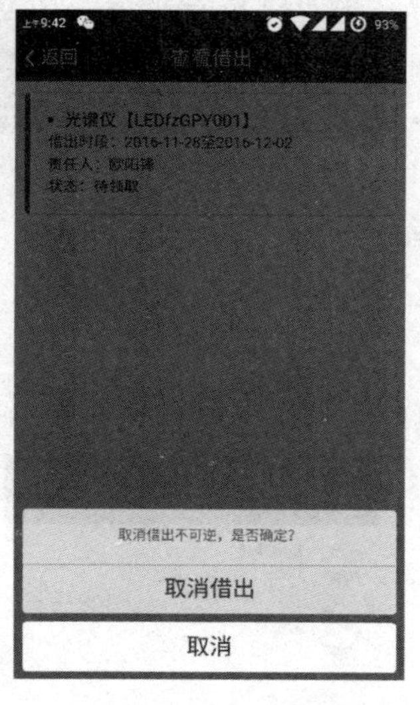

图4–14　查看借出界面

7. 实物实验

实物实验时，最多拍取 5 张实验照片，作为教师评分依据。点击实物实验，进入实物实验功能页。此时显示课程列表，选择课程后，进入该课程下的实物实验列表，点击需要上传照片的实物实验，进入照片上传页面。选取照片后开始上传（见图 4–15）。

8. 个人课表

查看本学期的课程列表。点击个人课表，进入个人课表功能页。此时显示本学期的课程列表。左右滑动查看星期一至星期日的课表，上下滑动展示各节数内的课程（见图 4–16）。

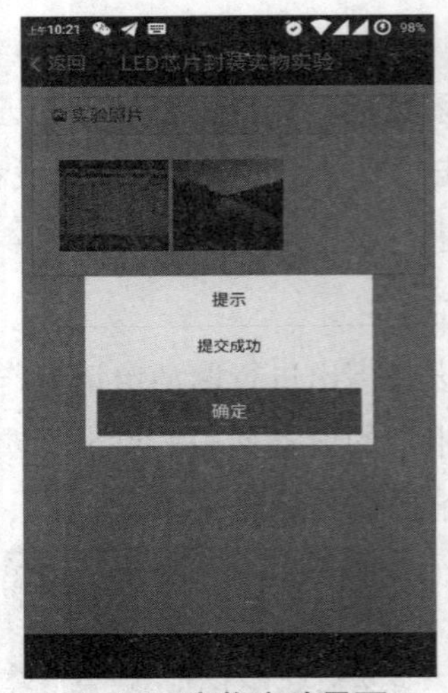

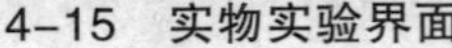

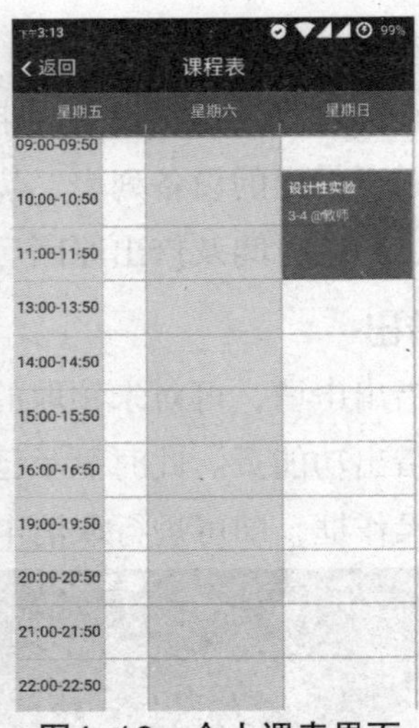

4-15　实物实验界面　　图4-16　个人课表界面

9. 答疑室

师生交流互动界面如图 4-17 所示。

10. 个人信息管理

包含密码修改、头像修改、检查更新等功能（见图 4-18）。

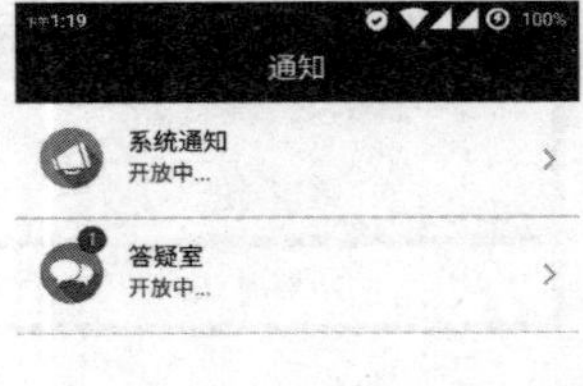

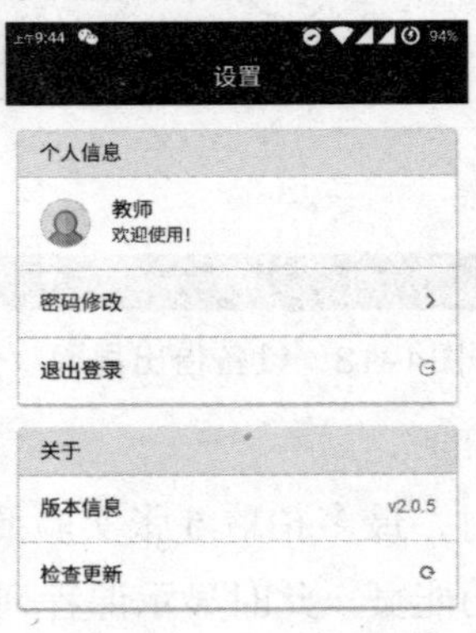

图4-17　答疑室界面　　图4-18　个人信息管理界面

（二）教师

1. 登录

科技创新教学管理系统 APP 入口，如图 4-19 所示，打开 APP 后，在登录页面填入账号及密码，点击登录，即可进入 APP 功能页。

2. 我的课程

教师负责课程下的安排实验、已安排实验、考勤管理、实物实验功能。点击我的课程，进入我的课程功能页。此时展示教师负责的课程列表。点击想要操作的课程，下面展示操作面板，包括安排实验、已安排实验、考勤管理、实物实验。点击按钮进行相关操作（见图 4–20）。点击已安排实验，查看已经安排的实验列表，并可进行取消安排操作（见图 4–21）。

图4–19　登录界面　　　　图4–20　安排实验界面

4–21　已安排实验界面

点击考勤管理，查看已经安排的实验列表，查看此课程下的实物实验列表，点击实验，查询该实验下的学生并进行考勤操作（签到、补签到、签离、补签离）（见图 4–22）。点击实物实验，查看已经安排的实验列表，查看此课程下的实物实验列表，点击实验，查询该实验下的学生。点击学生跳转至该学生上传的实物实验照片页。点击图片可放大查看。教师可根据学生照片对该生进行打分评价（见图 4–23）。

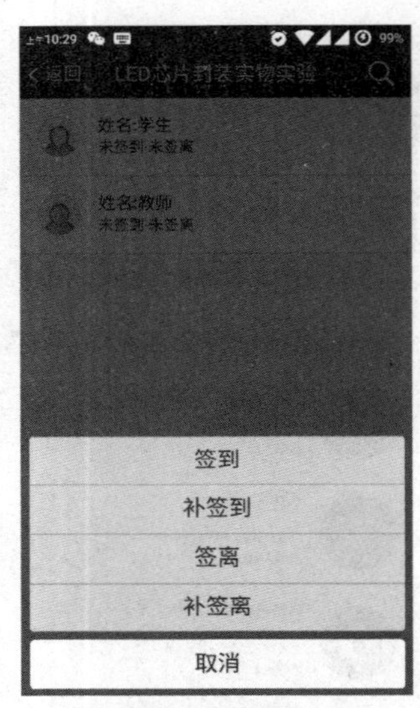

4–22　考勤管理界面

图4–23　实物实验界面

3. 实验室预约

通过系统预约申请整个实验室开展相应的实验教学。点击实验室预约，进入实验室预约功能页。点击选择实验室和周次，系统查询该实验室可预约节数，灰色代表不可预约，白色代表可选，绿色代表用户已选。选择结束后，填写实验名称、实验人数以及特殊要求（可不填）即可进行预约申请（见图 4–24）。

4. 已预约实验室

管理已预约的实验室，可在未安排状态下进行取消预约实验室操作。点击已预约实验室，进入预约管理功能页。此时显示已预约的实验室列表，点击实验室，查看在该实验室预约的课时，在未安排的状态下，可进行取消预约操作（见图 2–25）。

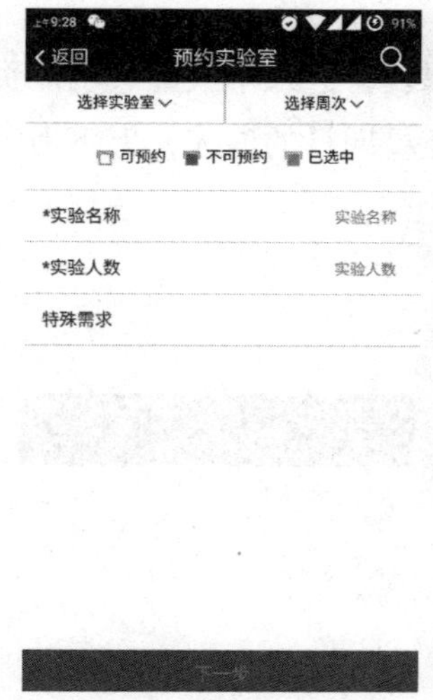

图4–24　实验室预约界面

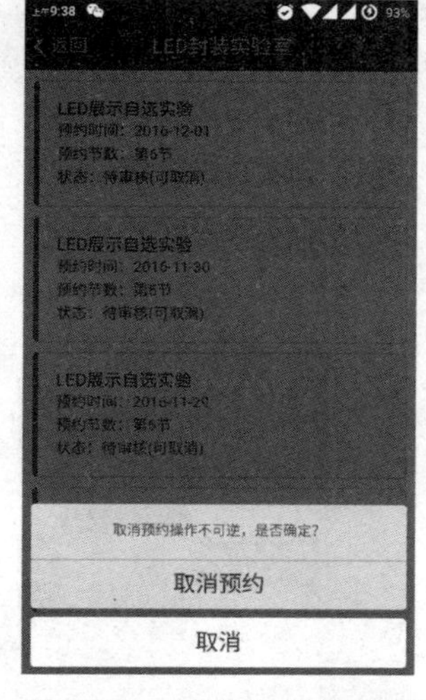

图4–25　已预约实验室界面

5. 设备借出

通过系统查询可以外借的设备，申请登记。点击设备借出，进入设备借出功能页。此时显示可借出的设备列表，点击想要借出的设备，弹出设备借出记录页，填写借出时间、归还时间及借出原因后进行设备借出操作（见图 4–26）。

6. 查看借出

查看设备借出申请，可对未领取的设备借出进行取消申请操作。点击查看借出，进入查看借出功能页。此时显示已申请的设备列表，点击想要取消申请的设备，弹出取消操作框，即可进行取消申请操作（见图 4–27）。

图4–26　设备借出界面

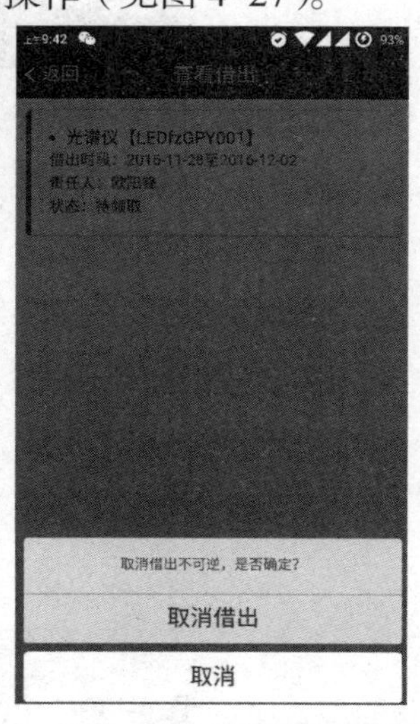

图4–27　查看借出界面

7. 个人课表

查看本学期的课程列表。点击个人课表，进入个人课表功能页。此时显示本学期的课程列表。左右滑动查看星期一至星期日的课表，上下滑动展示各节数内的课程（见图 4–28）。

8. 答疑室

师生交流互动（见图 4–29）。

图4–28　个人课表界面　　　图4–29　答疑室界面

9. 个人信息管理

包含密码修改、头像修改、检查更新等功能（见图 4–30）。

图4–30　个人信息管理界面

（三）实验室管理员

1. 登录

科技创新教学管理系统 APP 入口，如图 4–31 所示，打开 APP 后，在登录页面填入账号及密码，点击登录，即可进入 APP 功能页。

2. 添加实验室

点击添加实验室，进入添加实验室功能页。填写实验室编号、地点、名称等，进行实验室的添加（见图 4–32）。

图4–31　实验室管理员登录界面　图4–32　添加实验室界面

3. 实验室管理

已添加实验室的删除、查看、修改（见图 4–33）。

4. 预约管理

审核教师实验室预约操作（见图 4–34）。

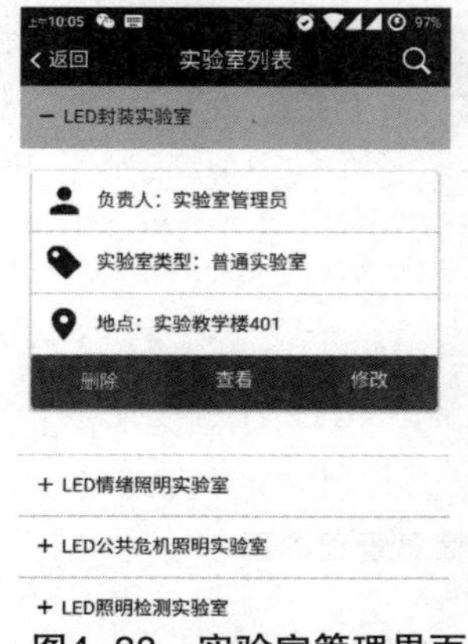

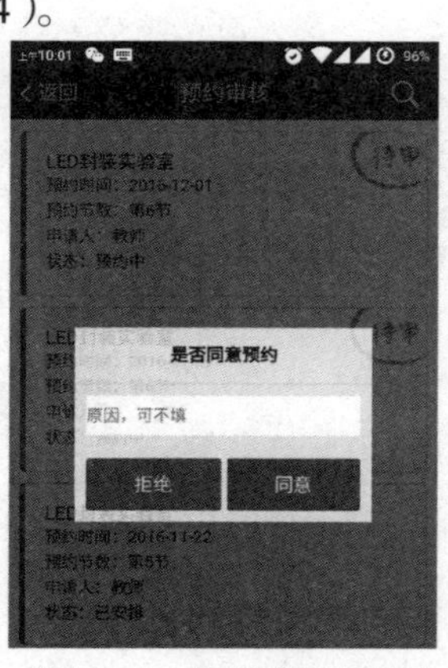

图4–33　实验室管理界面　　图4–34　预约管理界面

5. 设备借出审核

审核教师和学生设备借出操作，进行设备借出的领取、归还标记（见图 4–35）。

6. 答疑室

师生交流互动（见图 4–36）。

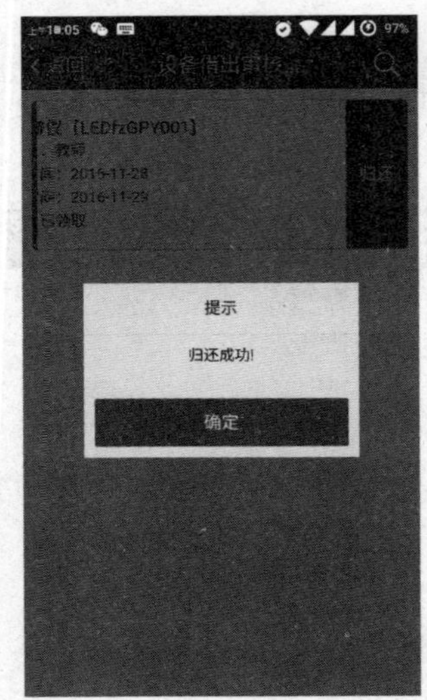

图4–35　设备借出审核界面

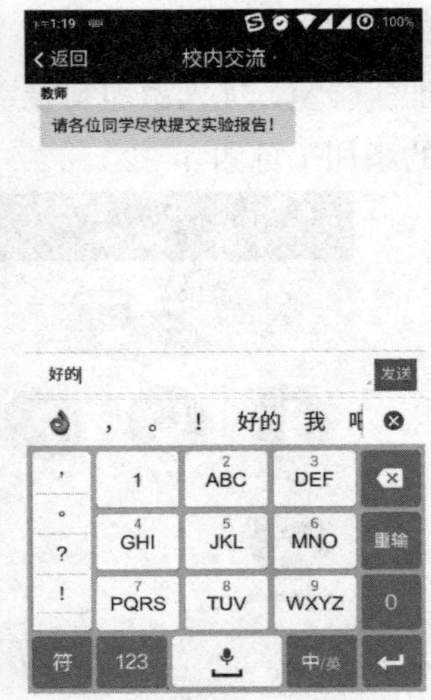

图4–36　答疑室界面

7. 个人信息管理

包含密码修改、头像修改、检查更新等功能（见图 4–37）。

图4–37　个人信息管理界面

第五章　杭州电子科技大学科技创新孵化器社团建设

第一节　杭州电子科技大学科技创新孵化器社团介绍

十载漫漫，未来可期。杭州电子科技大学科技创新孵化器是杭州电子科技大学与美国 Microchip 公司联合共建的、着眼于物联网和智能家居的科研组织。孵化创新型技术、孵化创新型产品、孵化创新型企业，是我们不变的宗旨。在“三个孵化”的引导以及数届成员的努力奋斗下，孵化器于 2016 年获得全国大学生“小平科技创新团队”称号。历经十年，实验室盈亏自负，自力更生，逐渐形成了以人才培养为宗旨，科技研发为载体，项目与竞赛为辅助的运营模式。

一、杭州电子科技大学科技创新孵化器社团发展历程

依托杭州电子科技大学校团委、国家级实验教学示范中心，致力于物联网、网络数据和智能设备的研究；于 2009 年与美国 Microchip 公司联合建立科技创新孵化器。实验室面向校内外开放，接纳毕业设计、完成科技创新能力训练等相关的教学实践任务。

实验室采用学生完全自主管理模式，每年资助 20 多名优秀本科生进驻孵化器，从一年级开始着手产品的学习和设计能力培养：一年级以自学为主，二年级进行实践培训，三年级开展自主设计，并参与科研和承揽第三方设计，四年级能够出专利、论文和创新技术产品等成果，培育完成。

1. 培养模式

针对大一新生，高年级学长定期授课并制订详细的暑期实验板学习计划，帮助其共同成长；大二阶段，依据兴趣划分并成立 PC、数字、模拟、网络开发等多个兴趣小组，分享学习心得，进行实践锻炼；大三阶段，开展自主设计，参与

科研并组织参加全国大学生电子设计大赛、全国大学生“挑战杯”大赛、全国大学生机器人大赛等课外科技活动；大四阶段，孵化出专利、论文和创新技术产品等成果。

2. 运营模式

采用企业化运营管理模式，实验室成立采购部、后勤部、财务部等部门；采购部负责实验室的器件与日常用品的申购，后勤部负责实验室内部生活用品与规章制度的维持，财务部负责实验室的经费管理，实验室秘书负责实验室的日常事务和科研项目的统筹。

3. 自成立以来取得的成绩

（1）2015 年获得杭州电子科技大学“七色花”五四青春榜样，2016 年获得中国共青团和全国少年工委颁发的全国“小平科技创新团队”（全国 50 个，浙江省 2 个）。

（2）发表科技论文 8 篇，申请专利 9 项，获得省级以上科技项目 29 项。

（3）学科竞赛获得国际奖 1 人次，国家奖 36 人次，省级奖 81 人次。

（4）郑祥谱同学 2017 年获得浙江省国家特别奖学金（全省 10 个，杭电 1 个），周航、孙兴哲等 8 位同学获得 2016 年 Microchip“大学奖学金”。

（5）28 位同学考取浙江大学、电子科技大学、西安电子科技大学、上海交通大学、东南大学等高校硕士研究生；23 位同学在华为技术有限公司、海康威视、浙江大华技术股份有限公司、腾讯计算机系统有限公司等著名 IT 公司任职。

（6）先后为台湾松瀚公司、浙江省中医院等企业和社会单位开发人体经络分析仪、自组网灯控等 25 项产品，实现产学研结合。

（7）连续 9 年参加美国微芯公司“精英技术年会”，紧密跟踪产业界技术发展动态，并在 2016 年获得美国微芯公司颁发的大学教育杰出奖。

二、杭州电子科技大学科技创新孵化器社团开放资源

1. 孵化器基础实验室

孵化器基础实验室主要承担大一、大二低年级学生创新能力的培养，孵化创新型技术。实验室配备了 3D 打印机、3D 扫描仪、3D 激光雕刻机、Analog Discovery2 口袋实验室、Basys3 开发板、PIC18 开发板、DSO7104A 示波器、N9320A 频谱仪、数字可调电源、8840A 示波器等仪器设备。

可开放的实验项目：基于 FPGA 的贪吃蛇设计；DDS 信号发生器的设计；气象预报员；任意波形信号发生器设计；多功能无人机控制系统的设计；基于陀螺仪遥控的智能小车；手势识别及灰度处理系统的设计；基于无线自组网协议的分层储物柜设计；视觉追踪系统的设计等。

2. 孵化器创新实验室

孵化器创新实验室主要承担产学合作项目和科研项目的开发，孵化创新型产品。实验室配备了频谱仪、1GHz 安捷伦示波器、贴片焊接设备、逻辑分析仪等仪器设备。

在开发的项目：立体图纹织机电机阵列控制系统；自组网灯控系统的开发；基于 ADRC 的自主路径规划无人绘测机研发；智能楼宇照明系统的研发；基于手势控制的汽车人机交互系统开发；基于 ROV 的一站式智慧渔业管理系统；基于毫米波雷达的智能安检系统；投影仪人机交互增强系统；电子科技创新共享生态圈的研发等。

3. 孵化器训练实验室

孵化器训练实验室主要承担实验作品课后制作、学科竞赛训练、创新创业项目申报，孵化创新型企业。实验室配备了数字可调电源、信号发生器、示波器、数字万用表、四旋翼飞行器训练模型、智能车训练模型、电子综合设计实验箱、大学生科技创新智能实训平台等仪器设备。

承担学科竞赛、创新创业项目的类型：中国杭州大学生创业大赛训练；全国大学生电子设计大赛高频组训练；全国大学生电子设计大赛控制组训练；全国大学生电子设计大赛四旋翼飞行器训练；国家级大学生创新创业项目孵化；浙江省新苗计划孵化；全国大学生 FPGA 创新设计邀请赛训练；全国大学生智能互联创新大赛训练等。

第二节 杭州电子科技大学科技创新孵化器社团制度建设

经过十年的积累，我们不仅拥有完备的项目开发档案、全面的培养计划、完整的实验室文件，也有标准化的存储与管理体系。在我们的服务器中，储存着的是世界顶尖的软硬件设计与学习资料，也是对于未来的期许。无论硬件还是嵌入式软件，无论射频通信还是信号处理，无论网络开发还是人工智能，我们都有大量的人才需求，也精心准备了详尽的培养计划。同时，每周一次的例会、经常性的分享会、研究生或已入职学长的指导，每位成员都是孵化器精神的传承者。

一、杭州电子科技大学科技创新孵化器社团章程

第一章　总则

第一条　名称：杭州电子科技大学科技创新孵化器社团。

第二条　性质：杭州电子科技大学科技创新孵化器社团是由杭州电子科技大学老师和学生组成，以“自由自愿”为准则、以“诚实诚信、服从管理、科技创新”为细则、以“企业管理”为模式的科研性质组织。坚持四项基本原则，注重思想性、学术性、知识性、趣味性和实践性，符合社会发展要求，有利于“四有”人才培养，有利于学生身心健康发展。

第三条　宗旨:为杭州电子科技大学老师和学生提供技术交流的平台,以“三个孵化”（孵化创新型产品，孵化创新型思维，孵化创新型人才）为宗旨，以“一个中心、两个平台、三项前提、四种观念”为指导思想（“一个中心”：把创新同学的理念作为我们开展一切工作的中心思想；“两个平台”：给学生锻炼自我提供平台，给学生展示自我搭建平台；“三项前提”：以学习为前提，以自我约束为前提，以客观条件为前提；“四种观念”：开展组织活动要有合理观念、反馈观念、大局观念、荣誉观念），为社会培养及输出有理想抱负、有技术实力、有创新思维的优秀人才。

第四条　准则：孵化器必须在宪法和法律范围内开展活动，不得从事与宗旨无关的活动。以“制度化管理，人性化服务”为理念，把握好孵化器的发展方向，了解孵化器，服务孵化器；监督好孵化器的活动开展。务必做到放管结合、统筹兼顾、职能明确，密切配合，服务大局，真正做到全心全意服务于孵化器的全面发展与老师学生的成长成才。

第五条　任务：组织管理好孵化器，不断培养成员的兴趣、爱好、特长。让越来越多的同学能够创建或拥有一个符合自身兴趣的能够锻炼和提升自我素养的平台，鼓励“百家争鸣，百花齐放”。共同为下沙区高校学生“创新、创业”第二课堂的建设做出应有的贡献，致力于孵化面向新时代的创新型技术和人才。

第二章　组织机构

第六条　孵化器组织原则是民主集中制，理事会是最高决策机构，理事会由

孵化器主席和学生干部组成，理事会实行例会制，定期举行一次例会，负责审查和商讨孵化器工作。

第七条　孵化器设立理事会、办公室、后勤部、宣传部等行政部门，各部门设立一个部长及若干干事，具体负责日常事务。

第八条　孵化器实行主席责任制，主席负责组织孵化器开展活动，并积极根据计划等开展活动和项目研发。

第九条　孵化器主席及各部门部长任期为一年，换届时间为每年 4 月。

第三章　职责

第十条　理事会：领导、团结和管理孵化器会员，有计划有步骤的指导各部开展工作，制定总的方针和审批活动方案。

第十一条　办公室：辅助理事会进行各项规章制度起草；安排各种会议和活动；报告整理、送审、监督等；财务支出记录、报销等。

第十二条　宣传部：对外宣传与联络；网站、服务号等维护；活动策划。

第十三条　后勤部：实验室耗材采购与管理；仪器维护与保修；物品借记管理。

第四章　成员

第十四条　孵化器是高校学生在自愿基础上自由结成的群众组织，可打破年级、系科以及学校的界限自由组成。孵化器管理实行主席负责制。以“孵化创新型产品，孵化创新型思维，孵化创新型人才”为宗旨，以“汇聚志同道合的朋友，培养提高会员的兴趣，并让会员有机会发挥和施展自己的才华”为目的，开展有益于学生身心健康的活动，为学生服务，为社会服务。社团的发展方向是为社员服务，找准各自的定位，能坚持长期担任研发工作，让会员在孵化器中学到知识，增强其爱好，做到入会时是兴趣爱好，走出的时候成为特长。

第十五条　孵化器成员由杭州电子科技大学本科学生组成。

第十六条　孵化器干部由理事会指定产生，一般情况下按照能力考核。

第十七条　孵化器主席由理事会与指导老师共同推举产生。

第十八条　成员一经审批通过，孵化器尽快以公告、公开会议或网络形式宣布成立，以配合孵化器开展活动。

第十九条　孵化器成员享有以下权利：

（一）负责人（主席）是理事会成员；

（二）对孵化器工作有监督、建议和批评的权利；

（三）依照孵化器有关规定使用孵化器的设施与器材；

（四）参加孵化器组织的各种活动。

第二十条　孵化器成员必须履行以下义务：

（一）拥护本章程、支持各项活动；

（二）服从组织安排，完成计划任务；

（三）不得做任何有损于孵化器利益的行为。

第五章　经费与活动

第二十一条　孵化器经费以项目申请为主，按照规划使用。

第二十二条　任何老师、学生在申请加入孵化器之前不得以孵化器的名义开展任何活动，不得以孵化器名义擅自收取费用。

第二十三条　新入会成员必须到孵化器备案后方可开始以孵化器的名义开展活动，必须严格遵守《杭州电子科技大学科技创新孵化器章程》及其他管理制度。

第二十四条　孵化器活动要做到：

（一）以孵化器名义活动开展前要填写《杭州电子科技大学科技创新孵化器活动策划评审报告》并附《活动策划书》，须经主席签字负责老师审批后方可举办，重大活动须经学校分管部门同意方可举办；

（二）活动中有需要孵化器支持的可以口头或书面形式向孵化器提出；

（三）活动结束后要及时总结汇报活动的过程、效果，并上交活动总结报告（注明活动开展的时间、地点、参与人数、活动流程、效果、经验教训，若是比赛还需附上比赛结果）。

第二十五条　举办以下性质的活动须于活动开始时间 10 个工作日前报孵化器审批，经批准后方可实施：

（一）群众性集会，沙龙及研讨会等活动；

（二）邀请校外人员举办的讲座、报告等活动；

（三）设计出版发行报纸、刊物等印刷品的活动；

（四）收取费用的培训班、学习班等活动；

（五）与其他单位、团体或个人联合主办的活动；

（六）两个以上（含两个）社团共同举办的活动；

（七）其他重大活动。

第六章　奖惩

第二十六条　孵化器实施公司化管理模式，采取奖惩制度保证组织内部的高效性。

第二十七条　对孵化器工作做出贡献或有突出成绩的团体和个人给予表彰和奖励。

第二十八条　凡有违反孵化器章程者，视情节轻重，给予批评或罢免职务。

第七章　附则

第二十九条　章程的修改须由指导老师、孵化器理事会讨论决定。

第三十条　章程的解释权归孵化器理事会所有。

二、杭州电子科技大学科技创新孵化器人事管理制度

第一章　总则

第一条　为提高本团队的工作效率，最大限度实现团队资源配置，保证日常学习工作的顺利进行，特制定本制度。

第二条　本团队的所有成员及预录用成员均适用本制度。

第三条　本团队的各成员均应遵守本制度的相关规定。

第二章　录用

第四条　本团队的新成员面向本校在校的大学生公开招选。

第五条　团队每学年定期对有意向加入本团队的在校大学生展开招新工作。

第六条　本团队成员分为预录用成员和正式成员。

第七条　预录用成员是指通过推荐、公开招选等方式进入本团队的本校在校大学生。预录用成员经过考核通过后可成为正式成员，预录用成员考核时间为四到六周。预录用成员比例与拟录用成员比例不超过2:1。

第八条　预录用成员在试用时间段内若表现不佳、自己主动停止接受考核或考核未通过，不予录用为正式成员。

第九条　正式成员是在本团队学习工作一段时间后、经考核合格而被批准成为正式成员的预录用成员。

第三章　休假

第十条　团队学习工作倡导自由轻松的氛围，即任何时间都可学习工作，因此无规定节假日。此休假制度为特殊情况而设立，如生病、私事等。

第十一条　生病、私事或需要放松，以病假或事假对待。

第十二条　病假应及时向组长报告并填写请假条方可暂停手头工作，组长需及时协调相关工作。事假则最好在做完所有工作或一阶段工作后，向组长提出请假要求得到允许后，方可填写请假条休假。组长休假则向总负责人或人事负责人说明并登记。

第十三条　如有特殊事情，则可视情况减少相应的请假步骤，由人事负责人做好休假记录。

第四章　绩效

第十四条　团队实施公司化管理模式，对孵化器所有成员进行绩效考核。

第十五条　成员绩效考核由理事会执行，由各部门部长及各团队负责人辅助实施。

第十六条　绩效考核内容包括日常工作、项目开发、招新培养、对外推广等，考核周期为一个月，月绩效考核于每学期末进行汇总。

第十七条　在期末绩效考核中评定为优秀的成员，由组织进行表彰，并给予一定物质奖励。

第十八条　团队实施淘汰制度，保持每学期 10% ~ 20% 的淘汰率，作为绩效考核不合格的成员的惩罚措施。

第五章　迁出

第十九条　正式成员和预录用成员因故不能继续留在本团队，需提前向人事负责人提出申请，并填写相关的迁出团队申请表（正式成员需提前 1 个月，预录用成员可在试用期内任何时间）。

第二十条　迁出成员在离开团队前需要将自己正在进行的工作做好相关的交接。

第六章　附则

第二十一条　与人事相关的其他项目，请参考相应的制度。

第二十二条　本制度修改由团队所有正式成员集体讨论进行，决议超过总人数 60% 方可修改。

第二十三条　本制度自颁布日起正式施行。

三、杭州电子科技大学科技创新孵化器经费使用制度

第一章　总则

第一条　为规范本团队的资金使用情况，最大限度实现经费的合理配置，保证项目开发及日常运营工作的顺利进行，特制定本制度。

第二条　本团队的所有资金往来条目均适用本制度。

第三条　本团队的各成员均应遵守本制度的相关规定。

第二章　经费组成

第四条　本团队的经费组成主要有项目开发经费、资料及耗材采购经费、活动经费、运营和宣传经费等。

第五条　项目开发经费包括项目开发、测试、生产过程中必要的成本费用以及开发人员的劳务补贴费用等。

第六条　资料及耗材采购经费包括学习资料采购费用、日用物品采购费用、易耗元器件采购费用等。

第七条　活动经费包括招新活动费用、年度聚餐费用、春秋游费用、羽毛球赛费用等。

第八条　运营和宣传经费包括宣传资料制作费用、广告费用等。

第三章　经费来源及使用

第九条　本团队的经费来源由立项经费以及公司拨款两部分构成。

第十条　由本团队通过项目立项等方式自主取得的经费，全部归属团队所有；借由公司渠道取得的经费，部分归属团队所有。

第十一条　本团队的经费由财务部门管理，由理事会进行合理调度。

第十二条　本团队的任何经费使用前必须填写经费使用说明，由理事会批准后方可使用。

第十三条　原则上不允许任何团队成员将私人资金作为团队经费使用。

第四章　项目开发经费

第十四条　本团队的项目开发经费为流动经费，由本部财务处于项目启动时下拨。

第十五条　项目开发经费应于项目正式开始前进行预清算，附于立项书尾一同交由理事会审批。

第十六条　项目开发经费包括项目开发成本以及劳务费用，劳务费用一般为

项目总报价除去开发成本后的 30% ~ 40%。

第十七条　项目开发经费最终交由项目负责人，由项目负责人进行支配。

第十八条　项目经费使用不合理的，理事会及公司有权收回经费使用权。

第五章　资料及耗材采购经费

第十九条　本团队的资料及耗材采购经费为固定经费，由本部财务处于每个自然年年初下拨。

第二十条　团队须于年初进行当年资料及耗材采购经费预清算，交由理事会审批。

第二十一条　团队出现资料及耗材采购经费短缺的，可向公司提起经费补助。

第二十二条　资料及耗材采购必须开具发票（无发票场合除外）。发票抬头为公司的，交由公司保存；发票抬头为杭州电子科技大学的，由财务处保存。

第六章　活动经费

第二十三条　本团队的活动经费为固定经费，由本部财务处于每个自然年年初下拨。

第二十四条　团队须于年初进行当年活动经费预清算，交由理事会审批。

第二十五条　团队出现活动经费短缺的，可向公司提起经费补助。

第二十六条　活动经费使用项目必须开具发票（无发票场合除外）。发票抬头为公司的，交由公司保存；发票抬头为杭州电子科技大学的，由财务处保存。

第七章　运营和宣传经费

第二十七条　本团队的运营和宣传经费为固定经费，由本部财务处或公司于每个自然年年初下拨。

第二十八条　团队须于年初进行当年运营和宣传经费预清算，交由理事会审批。

第二十九条　团队出现运营和宣传经费短缺的，可向公司提起经费补助。

第三十条　运营和宣传使用项目必须开具发票（无发票场合除外）。发票抬头为公司的，交由公司保存；发票抬头为杭州电子科技大学的，由财务处保存。

第八章　附则

第三十一条　本制度中“公司”指“杭州遥临科技有限公司”。

第三十二条　与经费使用相关的其他项目，请参考相应的制度。

第三十三条　本制度修改由团队所有正式成员集体讨论进行，决议超过总人数 60% 方可修改。

第三十四条　本制度自颁布日起正式施行。

第三节　杭州电子科技大学科技创新孵化器社团 3X培养计划

Xplain：理论基础和知识体系构建阶段，科普关于嵌入式开发的基本流程和组成部分。主要形式为孵化器内部成员的对外授课。规模可覆盖 200 名左右学生。

Xplore：动手实践阶段，主要针对第一阶段接触的理论知识进行深化与实践。主要形式为动手实验，完成 IoT 系统中的分立部分。面向第一阶段理论基础掌握较好的学生。

Xport：工程意识和项目思维培养阶段，通过已有技术储备，实现完整的“项目设计—项目开发—后期测试”等流程。面向第二阶段实践效果较好的学生。

一、杭州电子科技大学科技创新孵化器软件培养计划

第一周

1. 考查范围

C 语言设计的基础知识、基本数据类型 (int、char、double) 及常用库函数（math.h）、算数表达式、控制结构与语句。

2. 重点考查内容

各个进制之间的相互转换；

熟悉运用 printf 和 scanf，换行符等；

学会给自己的程序写注释；

学会调用常见的库函数；

了解基本数据类型及其相应的数据格式；

考查各个符号的优先级；

学会运用 if、switch、while、for 等基本语句。

第二周

1. 考查范围

子函数的编写及调用、数组、复习控制结构和语句。

2. 重点考查内容

提升对 if、for 等语句的考查难度；

学会用子函数来实现相应的程序；

初步了解递归函数的运用，可出书本原题；

解全局变量和局部变量；

掌握一维数组和二位数组；

冒泡排序；

了解字符串的相关知识。

第三周

1. 考查范围

编译预处理、指针。

2. 重点考查内容

学会指针在子函数里的运用；

学会指针与数组之间的关系运算；

重点掌握指针与字符串之间运用；

初步了解多级指针的运用；

简单了解编译预处理的相关知识。

第四周

1. 考查范围

结构体、指针。

2. 重点考查内容

提升指针的运用难度；

掌握最基本的结构体运用；

重点掌握结构体数组和结构体指针；

初步了解链表结构。

第五周

1. 考查范围

位运算、文件、综合性程序。

2. 重点考查内容

掌握位运算的相关知识和运用；

学会文件的读写、打开与关闭；
综合函数的考查。

第六周

1. 考查内容
综合性程序、led 灯。
2. 重点考查内容
提升综合的编程能力；
了解 51 的相应 IO 口配置；
了解高低电平和延时；
点亮第一个 led 灯。

第七周

1. 考查内容
数码管显示、按键及矩阵按键、蜂鸣器。
2. 重点考查内容
了解静态数码管和动态数码管的相关知识；
了解蜂鸣器及按键、矩阵按键的相关原理；
学会按键与矩阵按键控制数码管或蜂鸣器。

第八周

1. 考查内容
8 × 8LED 点阵、外部中断。
2. 重点考查内容
了解 8 × 8LED 灯的相关内容；
通过外部中断改变点阵的显示或数码管。

第九周

1. 考查内容
计时器中断、单片机综合小任务。
2. 重点考查内容
学会运用定时器中断控制数码管；
提升对单片机的整体运用。

第十周

1. 考查内容

C 语言复习，单片机综合任务。

2. 重点考查内容

复习 C 语言；

巩固单片机的运用。

二、杭州电子科技大学科技创新孵化器硬件培养计划

第一周

1. 微电子定义及其与电子的联系

什么是微电子；

微电子与电子的关系。

2. 微电子的历史与故事

微电子的起源；

IC 发展时间线。

3. 微电子行业的细分与前景

集成电路产业链；

IC 设计；

IC 的生产与制作；

IC 产业公司分类；

IC 行业的国际分布；

IC 行业在中国的分布；

IC 行业的前景。

第二周

由小米智能插座引出的电子知识：

电容基础知识；

电感基础知识；

继电器基础知识；

二极管的分类及用途；

三极管的种类及原理。

第三周

1. 基尔霍夫定律

2. 电压与电流的参考方向

电流；

电压。

3. 电路仿真软件 Multisim 验证基尔霍夫定律

第四周

1. 电压源与电流源的等效替换

电压源；

电流源；

电源的等效变化。

2. 电阻的等效变换

第五周

1. 电路的等效变换与化简方法

2. 电路的叠加原理

3. 支路电流法、节点电压法、网孔电流法

第六周

1. 受控源

2. 戴维南等效电路

第七周

1. 常数变易法求解电路方程

2. 含有电感的一阶电路

三、杭州电子科技大学科技创新孵化器考核试题

1. 现有一个 12V 的电池，一个 LM324 运放芯片（内含四个独立运放），以及一个可以产生峰值为 0.1V、频率为 500Hz 正弦波（设为 u_1）的信号发生器。请设计电路，使 u_1 加至加法器的一端，另一端输入自制的、峰值为 0.2V、周期为 2000Hz 的用示波器观察基本不失真的三角波（设为 u_2），加法器的输出为 $u_o=10u_1+u_2$，u_o 经过滤波器滤除 u_2 的频率分量，使得滤波之后的信号为峰峰值为 9V 的正弦信号 u_3，u_3 经过比较器之后在 1000Ω 负载上得到峰峰值为 2V 的输出电压。

（1）根据要求画出系统框图，明确各个部分承担的作用。

（2）根据前一步的分析，分析每个运放所扮演的角色，并使用运放设计符合要求的电路。

（3）根据要求组合各个模块，完成题目。

（4）用仿真验证方案的可行性。

（5）用 Altium.Designer 绘制原理图和 PCB。

2. 现有一个处于 0.1 ~ 10Hz 频段的信号，有效值为 10mV，但是其湮没在市电干扰中（峰峰值为 1V 的 50Hz 正弦波），请设计电路，滤出这个有效信号，并使其有效值变得在 1V 以上。（干扰信号的有效值至少是有用信号有效值的 1% 以内）

（1）参考《测量电子电路设计——滤波器篇》第三章的内容，给出方案，并使用软件仿真，验证可行性。

（2）最后使用 Altium.Designer 绘制原理图及 PCB。可以使用的器件是：电阻（贴片）、电容（贴片）LM324 等运放（直插）。

3. 以三极管或三端稳压器件为主，设计一个压控电压源。

（1）要求：输入 18V 的电压，输出 0 ~ 15V 范围之内可调。输出电流要求大于 100mA，纹波电压不大于 50mVp-p。

（2）调节的方式是，有一个控制电压输出端，通过在这一端加一定的电压，输出和这个控制端呈一定线性关系，比如 $V_0=3*V_i$，或者其他的线性关系都可以，但是 V_i 要小于等于 5V。

（3）给出方案，并使用软件仿真，验证可行性，最后使用 Altium.Designer 绘制原理图及 PCB。

4. 设计一个可控增益放大器。输入与输出的增益是由一个控制端用电压进行控制，增益 A 为 1、2、5、10、50 五种，交直流都可以放大。增益可以用电压控制，比如 0 ~ 1V，A=1，1 ~ 2V，A=2 等，也可以自己设定。

（1）给出方案，并使用软件仿真，验证可行性。

（2）使用 Altium.Designer 绘制原理图及 PCB。

5. 请设计一个电机驱动（H 桥）电路。电路可以实现的功能为直流电机的正反转和调速，并且有死区保护等功能。（这里需要注意的是，虽然没有明确地提出，

但是现实中要考虑三极管的功耗问题）

（1）请再设计一个电源给电机供电。我们提供的是一个将 220V 交流电变为 18V 的变压器。即是说，设计一个整流电路以符合要求。

（2）给出方案，并使用软件仿真，验证可行性，最后使用 Altium.Designer 绘制原理图及 PCB。

第六章　大学生科技社团活动设计

大学生社团活动是学校组织文化的重要组成部分，在大学生成长道路上，特别是在培养专业素质、发展个性和特长、培养就业及创新创业能力、思想政治教育、促进大学生身心健康发展等方面具有重要作用。社团活动可以促进大学生自主转化知识，发展学生创新思维，不仅是高校第二课堂的重要载体，也是大学文化的重要组成部分。参加社团活动，有助于当代大学生自主发展其个性，增强集体意识和荣誉意识，提升人际交往能力和适应社会的能力，形成积极向上的人生态度。

许多大学生对大学生社团具有浓厚的兴趣，其中一个重要的原因是大学生社团所举办的丰富多彩的社团活动，极大地丰富了大学生的课余文化生活，并充分彰显出大学生的特长和精神风貌。因此，多数大学生在踏入大学校园后，都或多或少地会选择参加几个学生社团，参加感兴趣的社团活动，以补充课堂知识的不足，锻炼个人能力，展示个人风采，同时也为将来走向社会打好基础。而高校学生社团，也会迎合学生需求，举办一系列的社团活动吸引学生的加入，扩大社团的知名度。因此，无论是对高校、社团还是学生个人，社团活动都具有十分重要且积极的意义。

然而，由于缺乏规范管理、缺乏教师指导等多方面的原因，在学生社团活动中也存在一些问题，例如，没有健全的制度体系，部分学生社团活动缺乏经常性、持续性和专业性等。这些问题在一定程度上阻碍了学生社团的健康发展，也使得社团活动的质量无法得到持续提升。笔者认为，要解决此类问题，需要从各环节加强对大学生社团活动的管控，而其中，做好大学生社团发展规划，并在此基础上做好大学生社团活动的设计十分重要。

第一节　大学生社团发展规划与活动设计

社团发展规划是社团发展的航向标，一个社团是否能得到持续发展，始终焕发出生机和活力，与其是否能在一个清晰持续的社团发展规划的指引下发展密不可分。社团发展规划针对社团发展的各方面做出指引和规定，有助于社团清晰定位、明确目标，分阶段实现社团稳步提升。

如果说社团发展规划是理论层面的建构问题，那么活动设计就是实际层面的操作问题。好的活动设计是将社团发展规划的付诸实践，而好的社团发展规划也会反过来为社团活动的设计和开展指明方向。两者相辅相成，缺一不可。因此，本节着重探讨社团发展规划的制定方法，以及如何基于社团发展规划合理设计社团活动。

一、社团发展规划的相关概念

（一）社团发展规划的定义

社团学生干部每年都在更新，但社团始终存在，如何能确保社团发展方向始终如一，确保社团活动质量不因学生干部个人的能力和意愿而发生较大波动，这需要社团发展规划的持续指引。所谓规划，就是在目前的位置和想要到达的位置之间架起一座可行的桥梁。而社团发展规划，正是围绕着社团发展目标，基于社团现状，制订出具体的行动方案，从而实现社团的稳步提升。制定好社团规划，有助于社团上下统一共识，朝着一致的目标共同努力。

社团发展规划可以根据需要调整规划期限，一般分为短期（一学期或一学年）、中期（一年至三年）以及长期（三年以上）。考虑到高校社团每年一换届，社团规划目前多以三年内的为主，尤以一年的居多。

（二）社团发展规划的内容

一份完整的社团发展规划，可以包含以下六项内容。

1. 指导思想

指导思想是社团发展过程中的总基调，这一部分中应明确社团的定位、性质、类型、作用、社团宗旨及原则等。

2. 发展目标

发展目标是社团发展的方向。确定好发展目标，对开展具体的社团活动有着指导意义，能帮助社团理清思路，明确目标，有依据地选择合适的社团活动开展。发展目标随着规划时间长短的不同，内容上也会有所区分，但必须可以实现。

3. 社团现状

社团现状是社团规划的立足点和出发点，对现状分析得越透彻，规划也越具有指导意义和可操作性。通常这一部分需要包括的内容有社团性质、社团宗旨、组织分工、社团活动情况等。

4. 内部建设

在这个部分，社团需要明确社团的部门设置和人员分配，明确社团干部职责、权利和义务，这样更有利于社团内实际工作的开展。

5. 具体活动形式

围绕指导思想和发展目标，设计具体的活动形式，作为社团在规划期内可以坚持开展的活动，活动形式上应具有广泛性和针对性，与社团的性质和定位相一致，如教学课程、内部交流、竞赛活动、凝聚力建设等活动均可以考虑列入其中。如果是学年度规划，可以根据学校一学年的整体安排，结合迎新、就业、各类节庆日以及时政等主题，以时间轴为基准而选取社团活动形式。如果是中长期规划，也可以给每一学年确定不同的工作重点，实现阶段性提升。

6. 发展前景及工作重点

在这一部分，社团需要针对未来的社团发展道路做出选择，并提出相应的工作思路和工作重点以达成该目标。这一部分可以从完善管理机制、提升活动质量、加强交流合作、发展社团特色、树立品牌形象、培养学生骨干等多方面展开，并通过具体举措，明确重点发展方向和改革领域。

其中，具体活动形式和工作重点应该是社团规划中重点阐述的部分。

二、社团活动设计

社团活动是大学生校园生活的重要组成部分，同时也成为高等学校教育和管理的重要形式及载体。社团文化活动反映了学生求知、求美、求新的充满活力和激情的群体特征，在引导学生坚定理想信念，提升道德修养，投身社会实践，参加志愿服务，进行科技探究，开展创新创业、提高艺术素养，促进身心发展，加强技能培训等方面发挥了重要作用。

（一）设计社团活动的意义

1. 社团活动设计有助于明确活动目的和提升活动效果

社团活动设计一个很重要的内容就是要确定活动主题和目的，并围绕该主题开展相应活动。一个好的活动设计有助于社团上下目标一致地开展活动，活动效果也会更加明显。

2. 社团活动设计有助于推进活动的顺利进行

活动设计中要对活动开展过程进行全盘考虑，这其中包括推进活动的过程中可能遇到的问题和风险，并会针对这些问题和风险提出相应的解决措施及规避措施。以此确保活动过程中更加顺利。

3. 社团活动设计有助于打造精品社团和塑造精品校园文化

经过充分设计的社团活动，很多在多次举办后会沉淀下来，成为社团的经典活动，并不断得到改进和完善。因此，社团活动设计有助于社团总结经验和查找不足，并将这些经验以文字形式延续下来，为一届又一届的社团学生所借鉴和使用，从而逐渐形成社团的精品活动，不仅可以保证社团活动质量不会因为社团学生干部的换届而大打折扣，而且还能提升社团的品牌影响力，对校园文化也将产生积极影响。

（二）如何进行社团活动设计

1. 确定社团活动的主题

活动设计必须首先明确活动主题，并围绕该主题设计活动，以实现主题的形式安排和目标追求。在主题的选择上，应基于社团的发展规划方向，侧重选择社团成员感兴趣的内容，以社团成员的关注和爱好点为导向，否则活动就会缺乏吸引力。需要注意的是，主题应该体现出鲜明的社团个性色彩，明确地知道这个活动在什么地方、用什么样的方式可以表现出它独特的魅力，或者它与其他活动相比亮点在哪里等，明确了主题就相当于给社团活动定了基调。

2. 明确社团活动的目的和意义

明确活动举办最重要和最终的目的是什么，有助于后续对社团活动形式和内容进行选择。一般来说，一个良好的社团活动，应该充分考虑其对大学生的思想政治教育功能、能力培养及提升功能，以及社团影响力提升功能等方面。

3. 选择合适的社团活动形式

社团的活动形式多种多样，应该根据目的及主题进行选择。一般来说，学习型社团可以开展科技创新实践大赛、校企合作参观学习、专业知识讲座、学术交流会等，兴趣爱好类社团则可以举行各类爱好者交流、技能竞赛、能力展示等活动等。

4. 周密安排活动流程

设计活动时应针对活动流程进行周密安排。充分考虑活动中可能发生的突发事件，并做好后备方案。虽然突发事件的发生具有相当的不确定性，但要事先对所有能够考虑到的突发事件有所准备。与此同时，还应对活动资源进行有效分配。确保相关部门能实现良好协作，相关物资充足到位等。

第二节　大学生社团活动的组织与实施

一、大学生社团活动管理

（一）社团活动管理的目标及意义

社团在大学生素质教育中发挥的作用越来越明显。然而，在社团发展过程中，还存在很多问题亟待解决。社团建设并非一蹴而就，总需要不断地发展和完善。加强管理是大学生社团发展中的普遍要求，而在社团管理中，针对社团活动的管理是重要一环。

活动是学生社团存在的基本要素，一个社团是否可以持续焕发生机活力，在很大程度上取决于其是否能够持续开展健康有益、广受欢迎的社团活动。然而，有调查表明，46.7% 的学生认为学生社团只是个空架子，没有举办实质性的活动。因此，规范和加强学生社团活动管理势在必行。

（二）如何开展社团活动管理

要加强大学生社团活动管理，可以从以下几方面展开。

1. 完善社团申请制度和社团评级制度

成立社团必须遵守严格的规章制度，经过严格的审批程序，对于那些与校纪校规相违背的，或是未经审批程序便自行成立的组织，应予以严格清理。对所开展活动不合规定、不健康的或者不开展活动的社团，应予以定期清理。对社团的总量和分布情况要进行控制，以免影响学校的正常秩序。同时，对于符合申请要求的社团，应检查其是否有完善的组织架构，完整的合法章程，并督促其在运营过程中严格按照章程办事。

2. 加强社团活动过程管理

首先检查社团是否定期开展活动，过程中是否严格按照其章程组织活动，有无违法违纪事件发生。其次针对社团的经费进行严格监管，社团各种费用的收支要入账，要遵守财经管理制度，否则经费混乱，乱收乱支甚至随意处置会费之类的事情就会随时发生。最后是活动过程中安全保障是否到位，是否有应急预案等。

3. 加强对社团干部的培养和对参加者的正确引导

一个社团的正常运转，离不开社团骨干的精心组织。因此，抓好对社团成员的培养，使学生在社团运作中更能操作自如，对组织社团活动大有帮助。因此，可以在社团干部换届后进行系统培训，同时在社团运作过程中加强教师的引导。对于部分学生一时兴起开展活动的心理，必须及时纠正，强调参加社团要凭兴趣，促进学习，增强能力，但绝不仅是为了好玩。对骨干分子还必须加强思想品质修养，不能任由社团成为拉帮结派的土壤。

对于参与活动的学生，也应该加强积极引导。许多大学新生参加社团的热情极高，报名非常踊跃，却忽视了时间和精力的有限，结果忙忙碌碌却一事无成。也有人加入社团纯粹为多认识几个人，多扬几次名，满足自己的虚荣心，这些都要由指导老师加以适当引导，指导他们学会取舍，追求质量，保证他们在所参加的活动中真正有所受益。

4. 及时做好社团活动的评价

对社团活动的评价，不仅是活动结束后的工作总结和活动照片，还应该包括在实际活动过程中的把控，这样才能及时掌握活动中存在的问题与不足，给予学生社团活动情况的客观反馈，从而指导其进一步改善活动质量。做好学生社团活动过程的评价，关键是建立系列评价指标，并通过活动现场调查来实施。

二、大学生社团活动的组织

（一）指导原则

在学生开展社团活动的过程中，学校相关组织和老师对活动进行指导是十分必要的，这里有一个指导原则的问题。指导原则正确，活动开展得有声有色，成效甚佳；相反，指导原则出现偏差，活动就可能会呆板、应付差事、流于形式，这种效果显然是不理想的。具体来说，有如下四个指导原则。

1. 内容贴近专业实际

学生开展社团活动的内容不是盲目确定的，也不是机械照搬的，而要根据学校的文化积淀、基础设施、自然环境、专业设置、培养目标等方面的实际确定。就人才培养的目标看，社团活动的目的应该包括两个方面：一是陶冶情操，磨炼意志，砥砺品行，激发兴趣；二是训练技能，增强本领，精熟专业，提高能力。为此，活动的组织者应从学校、学生、专业设计等方面的实际出发，开展相应的社团活动。例如，同样是开展志愿服务活动，学电子的学生，可以开展家电义务维修类的志愿服务活动，学艺术的则可以开展社区文艺会演，学英语的则可以开展“四点半课堂”活动。这些活动具有鲜明的目的性和切实的内容，也便于检查评比。

2. 追求精品，而非数量

大学生开展社团活动必不可少，但也不是越多越好。这里有一个适量性原则。鉴于大学生课外时间较为充裕，社团活动以平均每月 1~2 次为宜，这样学生有充足的时间去筹备或参与这些活动。倘若不加节制，既多且滥，则违背了适量性原则，只会事巨功微，甚至劳而无功。

3. 时机把握得当

把握适当时机，开展必要的社团活动，真正发挥出学生社团作为“第二课堂”的优势，即为时机性原则。如 9 月将社团活动主题确定为迎新，可以开展针对新生如何更好地适应大学生活的指导性社团活动，帮助学生更好地对大学生涯进行规划和设计；10 月的感恩节，可以开展感恩教育的相关活动等。此外，根据学生思想、知识、认知水平的不同，在不同年级开展不同活动，也能够取得良好效果。

4. 以成效为导向

在组织开展社团活动的过程中，可以将是否有学生真正从中受益，是否提升了社团的知名度和影响力，是否产生了良好的社会效应等成效作为判定活动是否成功的标准。没有谁办事不希望有成效，组织大学生开展活动也是这样。因此，从一开始就着眼于办好活动，精心谋划，指导老师及时跟进全程了解，保证活动顺利地进行下去。如此才能取得良好效果。

（二）社团活动的类别

1. 基础教育活动

基础教育活动内容包括思想政治教育、社团干部能力提升等，如社团干部培训、思想动员会等均属于此类活动，主要是为了增强团队战斗力和提升专业实力，为社团开展各类活动奠定良好基础。

2. 常规活动

社团常规活动主要是推进社团的日常工作，实现诸如规划社团发展方向，检讨分析运行成果，拟定改进方案等目的，包括会员见面会、社团例会、社团内部交流、招新活动、活动组织策划会等，是社团日常活动的重要组成部分。

3. 特色活动

社团特色活动视社团性质而定，围绕社团发展方向展开。一般来说，学习型社团和兴趣爱好类社团主要围绕着如何提高学习能力或培养某项兴趣爱好展开，常规活动包括学习培训、技能竞赛、爱好者交流等；体育联盟型社团可以联合校内外组织开展各类大型体育竞赛，而志愿服务类社团则主要以开展志愿服务活动为主。

4. 激励活动

激励活动主要是为了鼓舞团队士气，表扬优秀肯定成绩，提升社团正能量。此类活动主要包括社团成果展、总结表彰大会等。

5. 展示活动

展示活动主要是为了打响社团品牌，提升社团影响力。相关活动包括总结表彰大会、社团特色活动展示、社团文化艺术节、百团招新等。

6. 联谊活动

联谊活动主要是为了增进伙伴友谊，营造和谐稳定、积极向上的团队氛围。此类活动主要包括联谊会、茶话会、团队拓展、干部交流会等。

三、大学生社团活动的实施步骤

1. 活动策划

活动策划的第一个步骤是活动的创意，以及对活动目标的设定，即为什么开展这项活动。同时在这一阶段也可能包括可行性研究，如建议中的活动举办地点、日期、可能的赞助者和支持者、大概的预算、可能的风险、活动及活动后勤保障所需要的管理等。在初始阶段结束时，将对是否举办该活动做出决定。

当决定举办活动后，应围绕活动目的做好组织安排和任务分工，形成详细完整的活动策划方案。策划方案应明确的内容有：活动的目的及意义、活动拟定形式和规模、确定参与条件、确定活动内容、确定时间地点安排、确定活动流程、确定活动核心小组成员，以及突发情况应急处理预案。

2. 活动筹备

活动策划确定后，应根据活动策划方案进行资源的调度和内容的准备，也就是开始活动筹备。在活动筹备的过程中，应遵循统筹负责，分工明确，指导及时，监控有力，检查落实，合理流程编排与调整，加强合作与沟通，及时进行信息反馈的原则。特别需要注意的是，应将活动实施中可能出现的突发状况及可能需要解决的问题也列入考虑范围之内，争取做到应对有策，收放自如。

3. 活动组织

在活动组织的过程中，重点要关注如下三个方面：一是各项活动分工要严格按照分工安排，责任到人；二是建立突发事件应急预案，确保在各种情况下活动均能顺利进行；三是加强对各环节的控制，保证活动按计划进行。

第三节　大学生社团活动的评价与奖励

一、大学生社团活动评价

由前文可知，大学社团类型多种多样，社团活动更是五花八门。但无论是何种社团、何种社团活动，其组织实施的原则步骤万变不离其宗，而结果也不外乎是成功或是失败。因此，除了在活动进行过程中进行跟进和监管之外，有必要对社团活动进行及时评价总结，这样可以帮助社团成员更好地总结成绩，反思不足，从而更好地管理社团，提升社团活动质量。

1. 评价的概念

评价从本质来说是一种认识活动，在我国的词典中，“评价”泛指衡量、判断人物或事物的价值。美国学者格兰朗德认为，评价可以简单地表述为：评价 = 测量（量的记述）或非测量（质的记述）+ 价值判断。简而言之，评价具有评价、测量和测验三个基本元素，而社团活动的评价也是如此。

2. 社团活动评价的概念及意义

社团活动评价是从特定的目的出发，根据一定的标准，通过特定的程序对已完成的或者是正在完成的活动进行检测，找出反映社团活动进程的质量或成果的资料或数据，从而对社团活动的质量或者成果做出合理的判断。评价通常包含根据标准对活动的价值、开展情况和意义的判断。为了评价社团活动的结果，传统的评价往往是正规的、判断性的。

对社团活动进行评价的目的有三：一是诊断在活动过程中有没有出现错误；二是激励社团成员积极参与社团活动，给他们指引方向；三是对活动过程进行监控，保证活动的公平性，对活动结果进行比较。

通过对社团活动进行评价，可以看出社团的优点及特长方向，通过明确这些内容，可以让社团负责人更加清楚社团定位，扬长避短，改正缺点，从而不断提升社团运营质量和活动质量。

二、社团活动评价的开展

（一）评价主体与客体

构成一个评价活动，必须有评价者和被评价者，在评价中，经常将评价者称为评价主体，将被评价者称为评价客体。

评价主体是指具备一定评价知识技能，能够实际参加评价活动，主导评价活动的人与团体。评价主体是评价活动的实施者，负责完成整个评价过程的具体项目具体工作。在进行社团活动评价的过程中，为保证评价工作的全面性，在考核主体确认时，应采取“多元化”方案，即学校评价、教师评价、学生评价和社会评价等。

评价客体是指被评价的对象。在社团活动评价中，社团活动本身就是评价客体。由于对评价的目的不同，存在着不同的评价需求，因而人们所评价的对象也会有一定的差异。

（二）评价的原则

对社团活动的评价工作，应该依据学校相关规章制度，遵循基本工作规范，独立、客观、公正地开展评论工作，排除各方面特别是被评价社团意愿的影响。但对社团评价工作和评价报告中存在的疏忽、遗漏、疑问，社团应该认真给予解答和补充更正。

（三）评价维度

评价维度也称为评价要素或称为测评指标、评价项目等，它是评价工作的核心。离开了评价维度，评价工作就会失去目标。而社团活动评价就是按照特定目标对社团活动开展的质量和效果进行的评价。在社团活动评价过程中，评价的展开完全以评价维度为核心，将各种评价维度结合具体活动的特点和期待的效果进行具体化、形象化，这样就构成了评价的内容。因此，在社团活动评价中，确定评价维度是至关重要的。

在整个社团活动评估中，对社团活动的过程性评估是重要一环。要注重分析学生在活动过程中的不同体验，及时记录下社团成员们的每一个创意，以及活动过程中产生的新的认识。这些都要求学生自身和教师进行及时评估，使活动在积极的导向和激励的状态下有序进行。

评价活动可以是学生自己对自我的评价，可以是指导者对被指导者的评价，可以是指导老师对活动的评价，可以是参加社团活动人员对该活动的评价，可以是举办者对进行活动的人的评价，也可以是社团联合会对社团活动的评价等。综合多维度的评价进行总结，得出最终的评价。这样的评价才是对社团活动最全面、最有价值的评价。

1. 评估主体的多元方法

对作为评估主体的学生而言，学生在活动中发展的评估不仅由指导老师完成，还应积极鼓励学生自评、小组互评、社团成员间互评，发展学生家长和社会有关人员进行评估。具体评估方法有自我阐述、交流讨论、观察记录、汇报表演、成果展示、知识竞赛、问卷调查、评比评选等。学校还可以通过社团整体成果展示评选、最佳社团评选、最佳活动方案评选、优秀指导老师评选、优秀会员评选等方法，实现活动主体的多维评估。如深圳职业技术学院每年都举办的社团达人秀活动，由社团推选出各具特长的技能型人才集中进行舞台展示，晚会期间盛况空前，在师生中反响强烈，很好地打响了社团品牌知名度，是一个推广社团、展示学生风采的绝佳舞台。再如深圳职业技术学院每年都会通过社团自主申请、社联考核、学校把关的方式，评选出星级社团，不同星级社团将在下一学年度的活动中得到相应的政策扶持，以此激励更多的社团组织好活动，创办好社团。

2. 评估标准的多元方法

社团活动不仅有不同的方案，活动的形式也可以丰富多样。所以，评估时不应仅以“科学参照”为标准，还应倡导学生“自我参照”评估和“自我反思性”评估，充分肯定学生在活动过程中的表现和收获，实事求是地指出学生在活动过程中存在的问题，反对严格的“量化分等”的评估标准。如深圳职业技术学院每学年均举行丰富多彩的校园文化活动，因社团类型不同、活动形式不同、主题不同，评估的标准也随之而变。

3. 评估手段的多元方法

在评估社团活动的过程中，不仅需要观察和记录社团活动的效果，还需要从过程中持续监控评估。在具体评估时，可采用口头激励、问卷调查、成果展示、汇报演出等来多维评估。

当然，根据评估对象的不同，评估的手段也会随之而变，如直接服务的主要评估方法有录像电子记录、网络平台（即时通信、网站、视频）；间接服务的主要评估方法有活动过程中满意度的调查、学生抽样调查、师生个别访谈等。这些手段可以帮助我们了解是否达到了预期的活动目标，以此实现多维评估的价值。

（四）评价方式

1. 活动目标和计划方面

（1）有活动目标，且活动目标明确具体。

（2）有实现目标的行动计划，如活动策划书。

（3）计划科学、合理可行。

2. 活动准备方面

（1）材料准备充分。

（2）场地人员安排到位。

（3）活动物资到位。

（4）对其他可能出现的突发状况准备充分。

3. 活动进程方面

（1）活动具有吸引力，师生参与率高。

（2）活动现场把控良好。

（3）社团干部工作积极认真、主动。

（4）活动安全措施到位，无重大安全事故。

4. 活动成效方面

（1）活动正常举行，受到社团成员的欢迎。

（2）学生活动自主性高，学生得到充分的锻炼。

（3）活动在校园内有宣传或活动成果。

（4）活动在校内报纸杂志上有宣传报道。

（5）活动反响良好。

5. 活动记录记载和资料的保存

（1）记录记载及时。

（2）及时提交活动总结。

（3）各种记录保存好。

（4）开展优秀社员评比。

三、如何利用评价指导社团活动

通过学校老师、社团联合会对社团活动的评价，以及社团干部的自我评价和参加社团活动的人员对该社团活动的评价，可以形成一个综合的社团评价体系，不仅可以及时改进社团活动的质量，也能使社团从多角度了解到活动开展的效果，从而进行有的放矢的改进。

例如，某社团打算举办工科类技能大赛，社团在举行比赛之前就提交了策划书，并积极筹备针对参赛者的培训活动。但由于该社团在前期宣传阶段的宣传力度过小，导致该社团要举办活动很多同学都不知道，没办法参加培训以及比赛。指导老师以及社团联合会对该社团进行及时的评价和指导，使该社团推迟了比赛日期，预留出更多宣传时间，顺利解决了问题。同时，社团也通过干部例会及时反思不足，在进行下一次活动时加大宣传力度。

再如，部分社团不重视活动后期宣传总结。指导老师以及社团联合会可以将其他有对社团活动内容做后期宣传的社团进行对比，发现有进行后期宣传的社团比较容易得到学生的喜爱，而只举办活动不进行后期宣传的社团活动很容易被人遗忘。通过对比，让没有进行活动后期宣传的社团及时意识到问题所在，从而自觉养成及时总结及时报道的习惯，社团活动的知名度跟认知度也因此得到提高。

第四节　大学生科技社团创新活动探索

科技创新活动作为一种探索性的实践过程，其任务是探索未知，其最为突出的特征就是“创新”。学生课外科技活动是一种实践环节，在活动过程中强化学生实际动手能力和实践技能，实现从科学知识型向实用技能型转化。群众性的学生科技创新活动，是迸发创新灵感的好时机，有利于学生将课本知识和实际问题相结合。许多新思想、新方法、新技术的产生均源于这种实践活动。

一、科技创新活动模式探索

课外科技活动在培养人才方面有不可低估的作用，是一种新型的学习方式，也是一种创新的教学方式。对此，各高校针对自身的具体情况，为推进课外科技活动的开展采取了一系列的方法和措施，并取得了不少的成绩和进展。杭州电子科技大学作为一所电子信息特色突出的教学研究型大学，在这方面取得了良好的成效。

搭建科研竞赛平台，指导学生科技创新。学校、学院采取措施，要求并鼓励专业教师加强对学生参加课外科技创新实践活动的指导。成立学科竞赛指导委员会，下设电子设计竞赛、智能小车竞赛、挑战杯、嵌入式系统邀请赛等教练组，对学生科研竞赛进行全面的指导。对于参加科技创新和科技竞赛的同学，学院有组织地提供竞赛培训、实验场地，配备多名指导老师。学院以“芯苗人才”基金为保障的学生科研资助体系，每年立项近百项，每个立项的项目都配有指导老师。学院以无线电协会为基地，不仅提供专门的实验室、元器件、实验设备，还配备专业的科技社团指导老师。

重视学生职业生涯规划教育。从新生入学开始到毕业踏入社会，职业生涯规划教育一直贯穿于学生的学习和生活，通过新生入学教育、优秀校友沙龙讲座、职业生涯规划讲座、专业就业指导等方式，帮助学生明确对未来的规划，激发学习积极性。大一和大二学习期间，学院开展各项指导活动，举办名师大讲堂，组织校内外知名教授给学生做讲座。开展名师沙龙活动，和知名教授面对面交流，让教授直接指导学生。学生进入高年级后，学院更加重视学生的就业技能培养，通过就业指导课在课堂上进行指导，邀请知名工作人力资源专家给学生讲解职业生涯规划、组织学生参观企业、组织学生去企业进行工程实训，邀请知名校友面对面指导学生。这些活动对学生职业生涯规划、职业从业提供了切合自身的教育和指导，为学生的成长提供了条件。

二、科技创新活动介绍

全国大学生创新创业训练计划项目，全称大学生创新创业训练计划项目，倡导发挥学生为主体的创新实验改革，调动学生参与科技实践的主动性、积极性和创造性，使学生得到创新性科学研究的锻炼，培养学生的科研能力及创新兴趣。包括创新训练项目、创业训练项目和创业实践项目三类。每个项目由学生和导师共同拟定课题，并在导师指导下组成研究团队，利用课余时间自主进行实验方法的设计、组织设备和材料、实施实验、数据分析处理、总结报告等工作，以培养学生发现、分析和解决问题的兴趣和能力。项目内容由学生自己提出或教师课题相结合，自己组队进行。参与计划的学生在导师指导下自主设计、自主完成创新实验项目，并自主进行创新实验项目的过程管理。教育部以项目的形式资助。

1. 杭州电子科技大学大学生创新创业训练计划

杭州电子科技大学大学生创新创业训练计划，是根据本科人才培养新体系的要求，以培养学生创新意识和创新能力为主要目的，通过组织学生在教师的指导下，自主进行课题研究和探索，了解和掌握基本的科学研究方法和手段，培养大学生严谨的科学态度、创新意识和团队合作精神、提高大学生的科研创新能力和综合实践能力。学生自主立项或与教师的科研项目相结合。由学生自行实施，教师个别辅导，学校以项目的形式资助。

2. “挑战杯”浙江省大学生创业计划竞赛

“挑战杯”大学生创业计划竞赛旨在培养学生的创新、创业意识，造就符合未来挑战要求的高素质人才。竞赛采取学校、省和全国三级赛制，分预赛、复赛、决赛三个赛段进行。

3. 全国大学生电子设计竞赛

该竞赛是面向大学生的群众性科技活动，目的在于推动高等学校促进信息与电子类学科课程体系和课程内容的改革，有助于高等学校实施素质教育，培养大学生的实践创新意识与基本能力、团队协作的人文精神和理论联系实际的学风，为优秀人才的脱颖而出创造条件。由大赛组委会命题，参赛学生 3 人组成小组，选择其中一个命题，在规定时间内自主完成设计、制作、调试和总结等工作。

4. 杭州电子科技大学电子设计竞赛

该竞赛旨在促进我校电子制作类科技竞赛的发展，吸引、鼓励广大学生踊跃参加课外科技实践活动，培养在校大学生的创新能力、协作精神，增强学生动手能力及工程实践素养，提高学生联系实际进行电子设计、制作的综合能力。由校大赛组委会命题，参赛学生 3 人组成小组，选择其中一个命题，在规定时间内自主完成设计、制作、调试和总结等工作。

5. 全国大学生“飞思卡尔”杯智能车竞赛

为加强大学生实践、创新能力和团队精神的培养，促进高等教育教学改革，由教育部高等学校自动化专业教学指导分委员会主办全国大学生智能汽车竞赛。该竞赛是以智能汽车为研究对象的创意性科技竞赛，是面向全国大学生的一种具有探索性工程实践活动，是教育部倡导的大学生科技竞赛之一。该竞赛以“立足培养，重在参与，鼓励探索，追求卓越”为指导思想，旨在促进高等学校素质教育，培养大学生的综合知识运用能力、基本工程实践能力和创新意识，激发大学生从事科学研究与探索的兴趣和潜能，倡导理论联系实际、求真务实的学风和团队协作的人文精神，为优秀人才的脱颖而出创造条件。全国大学生智能汽车竞赛一般在每年的 10 月份公布次年竞赛的题目和组织方式，并开始接受报名，次年的 3 月份进行相关技术培训，7 月份进行分赛区竞赛，8 月份进行全国总决赛。

6. 浙江省大学生智能车竞赛

浙江省大学生智能汽车竞赛是以智能汽车为研究对象的创意性科技竞赛，是面向大学生的一种具有探索性工程实践活动。本竞赛以“立足培养，重在参与，鼓励探索，追求卓越”为指导思想，旨在促进高等学校素质教育，培养大学生的综合知识运用能力、基本工程实践能力和创新意识，激发大学生从事科学研究与探索的兴趣和潜能，倡导理论联系实际、求真务实的学风和团队协作的人文精神为优秀人才的脱颖而出创造条件。浙江省普通全日制高校本专科在校学生均可参加。每个学校最多每组 3 个参赛队伍，独立学院独立组队参赛。每队的指导教师不超过 2 名。

三、科技创新活动实施管理办法

（一）国家级大学生创新创业训练计划管理办法

第一章　总则

第一条　为贯彻落实全国教育大会和新时代全国高等学校本科教育工作会议精神，根据《国务院办公厅关于深化高等学校创新创业教育改革的实施意见》（国办发〔2015〕36 号）要求，深入推进国家级大学生创新创业训练计划（以下简称国创计划）工作，深化高校创新创业教育改革，提高大学生创新创业能力，培养造就创新创业生力军，加强国创计划的实施管理，特制定本办法。

第二条　国创计划是大学生创新创业训练计划中的优秀项目，是培养大学生创新创业能力的重要举措，是高校创新创业教育体系的重要组成部分，是深化创新创业教育改革的重要载体。

第三条　国创计划坚持以学生为中心的理念，遵循“兴趣驱动、自主实践、重在过程”原则，旨在通过资助大学生参加项目式训练，推动高校创新创业教育教学改革，促进高校转变教育思想观念、改革人才培养模式、强化学生创新创业实践，培养大学生独立思考、善于质疑、勇于创新的探索精神和敢闯会创的意志品格，提升大学生创新创业能力，培养适应创新型国家建设需要的高水平创新创业人才。

第四条　国创计划围绕经济社会发展和国家战略需求，重点支持直接面向大学生的内容新颖、目标明确、具有一定创造性和探索性、技术或商业模式有所创新的训练和实践项目。国创计划实行项目式管理，分为创新训练项目、创业训练项目和创业实践项目三类。

（一）创新训练项目是本科生个人或团队，在导师指导下，自主完成创新性研究项目设计、研究条件准备和项目实施、研究报告撰写、成果（学术）交流等工作。

（二）创业训练项目是本科生团队，在导师指导下，团队中每个学生在项目实施过程中扮演一个或多个具体角色，完成商业计划书编制、可行性研究、企业模拟运行、撰写创业报告等工作。

（三）创业实践项目是学生团队，在学校导师和企业导师共同指导下，采用创新训练项目或创新性实验等成果，提出具有市场前景的创新性产品或服务，以此为基础开展创业实践活动。

第二章　管理职责

第五条　教育部是国创计划的宏观管理部门，主要职责是：

（一）制定国创计划实施的有关政策，编制发展规划，发布相关信息。

（二）制定国创计划管理办法，组织开展项目立项、结题验收等工作，加强项目的规范化管理。

（三）制定国创计划成效评价指标体系，定期组织开展实施情况评价。

（四）组建国创计划专家组织，加强大学生创新创业工作研究，推进高校创新创业教育经验交流。

（五）组织举办全国大学生创新创业年会，推进大学生创新创业学术交流和成果推介。

第六条 省级教育行政部门主要职责是：

（一）根据本区域经济社会发展特点，指导、规范本区域大学生创新创业训练计划运行和管理，推动本区域高校加强大学生创新创业教育工作。

（二）负责组织区域内高校国创计划立项申报、过程管理、结题验收等工作，按照工作要求向教育部报送相关材料。

（三）负责区域内参与国创计划高校交流合作、评估监管等工作。

第七条 高校是国创计划实施和管理的主体，主要职责是：

（一）制定本校大学生创新创业教育管理办法，开展创新创业教育教学研究与改革。

（二）负责国创计划项目的组织管理，开展项目遴选推荐、过程管理、结题验收等工作。

（三）制定相关激励措施，引导教师和学生参与国创计划。

（四）为参与项目的学生提供技术、场地、实验设备等条件支持和创业孵化服务。

（五）搭建项目交流平台，定期开展交流活动，支持学生参加相关学术会议，为学生创新创业提供交流经验、展示成果、共享资源的机会。

（六）做好本校国创计划年度总结和上报工作。

第三章 项目发布与立项

第八条 教育部根据国家经济社会发展和国家战略需求，结合创新创业教育发展趋势，确定重点资助领域，制定重点资助领域项目指南，引导国创计划项目申请。

第九条 国创计划项目申报基本条件：

（一）项目选题具有一定的学术价值、理论意义或现实意义。鼓励面向国家经济社会发展、具有一定理论和现实意义的选题，鼓励直接来源于产业一线、科技前沿的选题。

（二）选题具有创新性或明显创业教育效果。鼓励开展具有一定创新性的基础理论研究和有针对性的应用研究课题，鼓励新兴边缘学科研究和跨学科的交叉综合研究选题。

（三）选题方向正确，内容充实，论证充分，难度适中，拟突破的重点难点明确，研究思路清晰，研究方法科学、可行。鼓励支持学生大胆创新，包容失败，营造良好创新创业教育文化。

（四）项目团队成员原则上为全日制普通本科在读学生，成员基本稳定，专业、能力结构较为合理。每位学生同一学年原则上只能参与一个项目。鼓励跨学科、跨院系、跨专业的学生组成团队。

（五）项目申请团队应选择具有较高学术造诣、较好创新性成果、热心教书育人、关爱学生成长的教师作为导师，鼓励企业人员参与指导或共同担任导师。

（六）创新训练项目和创业训练项目获得经费支持平均不低于 2 万元 / 项，创业实践项目获得经费支持平均不低于 10 万元 / 项。高校根据学科专业特点，确定项目资助额度标准。

第十条　根据教育部发布的国创计划申报要求，符合立项申请基本条件的项目向所在高校提出申请，高校评审遴选后报省级教育行政部门和教育部审核备案。

第十一条　教育部组织专家对申报项目进行审核后发布立项通知。

第四章　项目过程管理

第十二条　高校应加强对国创计划的管理，成立由校领导牵头、相关职能部门组成的国创计划管理机构，确定主管部门。管理机构负责协调落实条件保障，主管部门负责国创计划日常管理。

第十三条　项目负责人要负责项目的整体推进，按照计划开展工作，加强团队建设和管理，加强与导师和管理人员的沟通联系，并组织好相关报告撰写工作。项目负责人和项目内容原则上不得变更，特殊情况经学校有关部门审批后执行。

第十四条　国创计划经费应专款专用。学生要在相关教师指导下，严格执行学校相关财务管理规定。

第十五条　国创计划项目所在高校应建立国创计划师生培养培训机制，加强对国创计划项目团队成员和导师的培训和管理。

第十六条　鼓励项目团队积极参加中国“互联网 +”大学生创新创业大赛等创新创业赛事和“青年红色筑梦之旅”等活动。

第十七条　推动国创项目不断提高整体水平和发挥示范带动作用。高校应充分发挥国创计划引领示范作用，及时总结学生在项目中取得的成绩，协调解决存在的问题。支持高校通过举办大学生创新创业年会等方式加强国创计划成员之间的学习交流。

第五章　项目结题与公布

第十八条　国创计划项目完成后，均需进行结题验收，履行必要的结项手续。

（一）国创计划项目结题验收工作由所在学校组织。学校应组织校内外专家对国创计划项目进行结题验收，并将验收结果报省级教育行政部门审核备案。

（二）省级教育行政部门按年度向教育部报送本区域高校国创计划项目验收结果，并组织开展项目抽查。

（三）教育部对省级教育行政部门报送的验收结果进行审核，并将审核结果公布。

第十九条　国创计划项目结题验收结论的申诉。国创计划项目团队成员、导师，如对结题验收结论有异议，可向高校有关部门提出。

第二十条　国创计划项目结题信息公开对外服务。相关网站向公众提供结题信息服务，助推高校创新创业教育深入发展。

第六章　项目后期管理

第二十一条　高校对通过结题验收的项目团队成员可根据实际贡献给予学分认定，对导师给予相应工作量认定。

第二十二条　建立国创计划年度进展报告制度。高校要按年度编制国创计划项目进展报告，内容应包括项目整体概况、教育教学改革探索、项目组织实施与管理、支持措施和实施成效等。年度报告报省级教育行政部门和教育部备案。

第二十三条　国创计划项目执行较好的高校可向教育部申请承办全国大学生创新创业年会。

第七章　附则

第二十四条　在国创计划实施中，凡是属于国家涉密范围的，均按照相关保密法规执行。

第二十五条　各省级教育行政部门、各高校根据本办法制定实施细则。

第二十六条　本办法自公布之日起施行。

（二）“挑战杯”全国大学生系列科技学术竞赛管理办法

挑战杯是“挑战杯”全国大学生系列科技学术竞赛的简称，是由共青团中央、中国科协、教育部和全国学联、举办地人民政府共同主办的全国性的大学生课外学术实践竞赛。“挑战杯”竞赛在中国共有两个并列项目，一个是“挑战杯”中国大学生创业计划竞赛；另一个则是“挑战杯”全国大学生课外学术科技作品竞赛。这两个项目的全国竞赛交叉轮流开展，每个项目每两年举办一届，“挑战杯”系列竞赛被誉为中国大学生学生科技创新创业的“奥林匹克”盛会，是目前国内大学生最关注最热门的全国性竞赛，也是全国最具代表性、权威性、示范性、导向性的大学生竞赛。

1. 概述

“挑战杯”全国大学生课外学术科技作品竞赛是一项全国性的竞赛活动，简称“大挑”（与挑战杯创业计划大赛对应）。该比赛创办于1986年，由教育部、共青团中央、中国科学技术协会、中华全国学生联合会、省级人民政府主办，承办高校为国内著名大学，“挑战杯”系列竞赛被誉为中国大学生学术科技“奥林匹克”，是目前国内大学生最关注最热门的全国性竞赛，也是全国最具代表性、权威性、示范性、导向性的大学生竞赛。该竞赛每两年举办一次，旨在鼓励大学生勇于创新、迎接挑战的精神，培养跨世纪创新人才。

2. 背景

“挑战杯”科技竞赛是由共青团中央、中国科协、全国学联主办，国内著名大学和新闻单位联合发起，国家教育部支持下组织开展的大学生课余科技文化活动中的一项具有导向性、示范性和权威性的全国性的竞赛活动，被誉为中国大学生学术科技“奥林匹克”。此项活动旨在全面展示我国高校育人成果，引导广大在校学生崇尚科学、追求真知、勤奋学习、迎接挑战、培养跨世纪创新人才。这项活动坚持“崇尚科学、追求真知、勤奋学习、迎接挑战”的宗旨，自1989年以来已分别在清华大学、浙江大学、上海交通大学、武汉大学、华南理工大学、重庆大学和西安交通大学成功地举办了七届，挑战杯已形成校级、省级、全国的三级赛事，参赛同学首先参加校内及省内的作品选拔赛，优秀作品报送全国组委会参赛。

3. 竞赛影响

由于“挑战杯”竞赛活动在较高层次上展示了我国各高校的育人成果和推动了高校与社会间的交流，已成为学校学生课余科技文化活动中的一项主导性活动，成为高校与社会交流与合作的重要窗口，成为促进高校科技成果向现实生产力转化的有效方式，成为培养高素质跨世纪人才的重要途径，也是企业界接触和物色优秀科技英才、引进科技成果、宣传企业、树立企业良好形象的最佳机会，从而越来越受到广大学生的欢迎和各高校的重视，也越来越在社会上产生广泛而良好的影响，其声誉远播海内外。

4. 赛事发展史

自 1989 年以来，“挑战杯”竞赛规模发展到包括全国所有重点高校在内的 1000 多所高校，以及新加坡的多所高校，先后共有 200 万大学生直接或间接参加了此项赛事。该项赛事为国家培养了一批批跨世纪的创新人才，并日渐成为我国培养大学生自主创新能力和展示主办高校所在地区社会经济与高等教育发展水平的重要平台。

“挑战杯”竞赛作为一项综合性、全国性的大学生学术科技竞赛，从一个侧面反映了高校教学水平和师生的科研水平，折射出我国高等教育的育人导向和理念，体现了我国青年人的创新意识和创新能力，从而受到了社会普遍关注和高度重视。随着国家“科教兴国”主战略的深入实施，党的十六届五中全会提出“提高自主创新能力”，“挑战杯”赛事在高校人才的培养中所起的积极作用也日益凸显出来，成为培养高校学生创新能力的一个重要抓手。在历届获奖者中产生了一大批卓有成绩的青年学者和学科带头人。

更重要的是，“挑战杯”赛事培育和造就了从大学生个体到所在高校，从一所大学到一个省市再覆盖全国的青年学子课外学术创新实践体系，30 多年来，200 多万大学生得以直接或间接地在这一创新的舞台上，关注新领域、研究新问题、运用新方法、创造新成果。与之相适应，各省市主管部门和高校则将“挑战杯”赛事构筑为创新教育的系统工程，搭建起大学生课外学术科技创新的组织保障体系，以国家、城市及市场需求为导向的项目推介、成果转化体系，对学生创新能力和项目的综合评估体系。这些创新人才培养的长效机制建设，为全面贯彻“科教兴国”战略、切实开展全面素质教育、提升城市甚至整个国家的创新意识和创新能力奠定了坚实基础。

（三）浙江省大学生科技创新活动计划（新苗人才计划）实施办法

为深入实施科教兴省和人才强省战略，加快培养我省高校大学生的实践能力和创新创业能力，造就一大批经济社会发展急需的紧缺人才和拔尖创新人才，为“创业富民、创新强省”总战略的实施提供人才支撑，省教育厅、省科技厅、团省委与省财政厅决定在全省高等学校联合实施浙江省大学生科技创新活动计划（新苗人才计划）。

1. 建设目标

以大学生科技创新项目、大学生科技成果推广项目、大学生创新创业孵化项目为载体，不断加大对大学生创新创业的扶持力度。积极倡导和鼓励大学生进行自主性学习和创新性研究，开展多种形式的创新创业实践，努力增强大学生的创新意识和创新精神，切实提高大学生的创新创业能力和实践动手能力，为大学生创新创业提供良好的环境，培育和发现优秀的创新创业项目和人才。

2. 管理机构

为加强管理，省成立实施办公室、项目专家委员会，学校成立相应管理机构。

（1）实施办公室。

省教育厅、省科技厅、团省委、省财政厅等四家主办单位联合成立浙江省大学生科技创新活动计划（新苗人才计划）实施办公室（简称“实施办公室”）。省教育厅、省科技厅负责协调与指导工作，省财政厅负责项目经费管理，团省委负责具体组织和日常管理工作。

（2）项目专家委员会。

大学生科技创新项目、大学生科技成果推广项目、大学生创新创业孵化项目分别成立项目专家委员会，成员由有关高校、院所、行业、企业的代表组成，负责具体项目的评审、中期检查和验收等。

（3）学校管理机构。

各高校成立相应的管理机构，制订大学生科技创新活动计划（新苗人才计划）项目实施细则及切实可行的管理办法和配套政策，负责本单位项目的指导工作，为项目的开展提供包括人才、技术、法律、资金、设备和实验场地等综合资源支持。

3. 资金使用原则

（1）项目导向原则。

以项目为载体，引导大学生积极开展多种形式的创新创业活动，提高大学生创新创业能力。

（2）以学生为本原则。

科技创新资金的支持对象为在校大学生，积极鼓励大学生申请科技创新资金开展创新创业活动。

（3）鼓励创新原则。

为鼓励大学生大胆进行创新创业活动，允许创新创业活动失败，重在考核创新创业实践过程。

4. 申报条件及对象

（1）申报条件。

项目申报人必须是浙江省高校全日制在校大学生，项目必须在本省的行政区域内实施。项目可采取个人或团队形式申报，团队每组人数不超过 5 人。鼓励专业交叉融合。

项目实施周期原则上不超过一年（大学生创新创业孵化项目期限一般为两年）。项目完成时间必须在项目申报人毕业离校前。

申报项目必须包含实质性的科技成果，或者具有一定应用价值和商业潜力的创新创业创意。项目无知识产权归属纠纷。

（2）申报对象。

大学生科技创新项目。申报对象为在校本专科生及其团队。旨在培育一批大学生创新研究成果。

大学生科技成果推广项目。申报对象为在校本专科生、研究生及其团队。旨在培育一批具有一定应用价值和商业潜力的科技成果推广项目。

大学生创新创业孵化项目。申报对象为在校研究生及其团队。旨在搭建大学生创新创业实践的指导、服务、交流平台，为研究生创业提供良好的场地环境、创业指导和培训等相关服务，培育和发现优质的科技经济项目和高素质的创新人才。

5. 项目申报与管理

（1）项目申报与审批。

第一步，学生申报，学校初审。

采取限额申报，申报指标由浙江省大学生科技创新计划（新苗人才计划）实施办公室确定。

每个项目均应有指导老师，团队指导老师由 1 ~ 3 人组成，指导老师须有中级以上职称。学校应将指导学生科研列为教师考核的一项内容，计算相应的工作量。

各高校负责组织有关专家对本单位大学生科技创新活动计划（新苗人才计划）项目进行初审。

第二步，学校上报，项目专家委员会评审，实施办公室审定。

申报单位须提交项目申报书及相关辅助证明材料。申报资料经学校有关部门签署意见后报送实施办公室。实施办公室组织项目专家委员会进行评审，并确定年度立项项目。

（2）项目立项与管理。

项目下达。实施办公室将当年度立项项目下达给承担学校，由省教育厅、省科技厅、团省委和省财政厅联合发文公布。

项目实施与管理。项目申报人为主要负责人，项目负责人原则上不得更换，对研究项目负全责，组织协调项目组全体成员认真执行实施办公室和学校的管理条例，按期保质保量完成项目研究的各项任务。

项目检查。各高校定期组织专家和管理人员对项目进行中期或阶段性检查，对取得的阶段性成果和存在问题要高度重视，及时提出整改意见和措施，并不定期向实施办公室汇报项目的进展情况。实施办公室将组织项目专家进行抽查。

（3）项目结题与验收。

项目组在项目结束后，需及时向学校相关管理部门提出验收申请，填写验收申请报告，并提交成果报告、相关技术资料等辅助材料。

根据项目研究期限，学校成立项目结题验收工作小组，参照项目申报书及验收申请报告，组织专家对申请验收的项目实施情况、取得成效和存在问题等进行检查验收，撰写项目验收报告提交实施办公室。

实施办公室组织项目专家委员会进行抽查，抽查结果分为优秀、合格和不合格，并作为下一期计划安排的重要依据。对无正当理由，自行中断的项目，实施办公室将取消该项目计划，追回已拨项目专项经费。对项目管理不力的单位，实施办公室将酌情减少该单位下一期申报指标。

（4）推广与奖励。

经验收通过后的大学生科技创新成果由实施办公室颁发证书。成果作为学生评优、推荐就业的重要依据。实施办公室适时组织成果展或成果交流会。

6. 项目经费管理

大学生科技创新活动计划（新苗人才计划）的每个项目的资助额度一般为5000元左右，对重点项目给予重点支持。项目经费实行国库集中支付，省财政厅根据实施办公室资助项目立项情况，将项目预算下达到相关高等学校。学校要合理确定每个项目的经费，并给予项目不低于1∶1的配套经费支持，由承担项目的学生使用，教师不得使用学生科研经费，学校不得提取管理费。

各高等学校要加强对大学生科技创新资金的管理，专款专用，专账核算。实施办公室对资助经费使用情况进行监督。如发现项目负责人弄虚作假，一经查实，中止项目资助，由省财政厅追回资助经费，取消其今后申请本计划的资格，情节严重者给予通报批评，并按《财政违法行为处罚处分条例》进行查处。

（四）全国大学生电子设计竞赛概况

全国大学生电子设计竞赛（National Undergraduate Electronics Design Contest）是教育部、工信部（原信息产业部）共同发起的大学生学科竞赛之一，是面向大学生的群众性科技活动，目的在于推动高等学校促进信息与电子类学科课程体系和课程内容的改革。竞赛的特点是与高等学校相关专业的课程体系和课程内容改革密切结合，以推动其课程教学、教学改革和实验室建设工作。

1. 指导思想与目的

全国大学生电子设计竞赛是教育部倡导的大学生学科竞赛之一，是面向大学生的群众性科技活动，目的在于推动高等学校促进信息与电子类学科课程体系和课程内容的改革，有助于高等学校实施素质教育，培养大学生的实践创新意识与基本能力、团队协作的人文精神和理论联系实际的学风；有助于学生工程实践素质的培养、提高学生针对实际问题进行电子设计制作的能力；有助于吸引、鼓励广大青年学生踊跃参加课外科技活动，为优秀人才的脱颖而出创造条件。

2. 竞赛特点与特色

全国大学生电子设计竞赛的特点是与高等学校相关专业的课程体系和课程内容改革密切结合，以推动其课程教学、教学改革和实验室建设工作。竞赛的特色是与理论联系实际学风建设紧密结合，竞赛内容既有理论设计，又有实际制作，以全面检验和加强参赛学生的理论基础和实践创新能力。

3. 组织运行模式

全国大学生电子设计竞赛的组织运行模式为“政府主办、专家主导、学生主体、社会参与”十六字方针，以充分调动各方面的参与积极性。

4. 组织领导

全国大学生电子设计竞赛由教育部高等教育司和工信部人事司共同主办，负责领导全国范围内的竞赛工作。各地竞赛事宜由地方教委（厅、局）统一领导。为保证竞赛顺利开展，组建全国及各赛区竞赛组织委员会和专家组。

5. 组织委员会

全国竞赛组织委员会由教育部、工信部、部分参赛省市教育主管部门负责人或有关学校专家组成，组委会成员由教育部高等教育司以文函形式任命，每届全国竞赛组织委员会和赛区组委会任期四年。全国竞赛组委会设立秘书处，设秘书长一人，常务副秘书长一人，副秘书长若干人，主持全国大学生电子设计竞赛的日常工作。

各赛区竞赛组委会由省（自治区）、直辖市教委（厅、局）、高校代表及电子类专家、企事业代表组成，负责本赛区的竞赛组织领导工作。

原则上以省（自治区）、直辖市独立组成一个赛区。若参赛学校少于 3 所或参赛队少于 20 个队时，可与邻近省市联合组成一个赛区。

6. 专家组

全国只组建一个全国专家组，主要由来自高等学校电子及其相关专业的专家组成，全国专家组由责任专家、专家和专家库成员三个人员层面构成，全国竞赛的命题和评审工作以责任专家为主体。

各赛区成立赛区专家组，由赛区内高校电子及其相关专业的专家组成，负责本赛区的竞赛征题、评审工作。

7. 参赛单位

以高等学校为基本参赛单位，参赛学校应成立电子竞赛工作领导小组，负责本校学生的参赛事宜，包括组队、报名、赛前准备、赛期管理和赛后总结等。

8. 参赛队和参赛学生

每支参赛队由三名学生组成，具有正式学籍的全日制在校本、专科生均有资格报名参赛。

9. 辅导教师

对于赛前辅导教师的辛勤工作，应按照教育部高等教育司下发的《关于鼓励教师积极参与指导大学生科技竞赛活动的通知》（教高司函〔2003〕165 号）精神，承认并计算其工作量。

10. 竞赛时间和竞赛周期

全国大学生电子设计竞赛从 1997 年开始每两年举办一届，竞赛时间定于竞赛举办年度的 9 月份，赛期四天。全国大学生电子设计竞赛每逢单数年的 9 月份举办，赛期四天三夜（具体日期届时通知）。在双数的非竞赛年份，根据实际需要由全国竞赛组委会和有关赛区组织开展全国的专题性竞赛，同时积极鼓励各赛区和学校根据自身条件适时组织开展赛区和学校一级的大学生电子设计竞赛。

11. 竞赛方式

竞赛采用全国统一命题、分赛区组织的方式，竞赛采用“半封闭、相对集中”的组织方式进行。竞赛期间学生可以查阅有关纸介或网络技术资料，队内学生可以集体商讨设计思想，确定设计方案，分工负责、团结协作，以队为基本单位独立完成竞赛任务；竞赛期间不允许任何教师或其他人员进行任何形式的指导或引导；竞赛期间参赛队员不得与队外任何人员讨论商量。参赛学校应将参赛学生相对集中在实验室内进行竞赛，便于组织人员巡查。为保证竞赛工作，竞赛所需设备、元器件等均由各参赛学校负责提供。

12. 竞赛规则

为保证竞赛工作的顺利进行，应严格遵守全国竞赛组委会届时颁布的《全国大学生电子设计竞赛竞赛规则与赛场纪律》。竞赛期间，各赛区组织巡视人员严格执行巡视制度。竞赛规则：①参赛学生应是高等学校中具有正式学籍的全日制在校本科或专科学生。②参赛学生必须按统一时间参加竞赛，按时开赛，准时交卷。各赛区组委会须按时收回学生的答卷（报告和制作实物）并及时封存，然后按规定交赛区专家组评审。③竞赛期间，参赛学生可以使用各种图书资料和计算机，但不得与队外人员讨论，教师必须回避。④竞赛期间，各赛区组委会要组织巡视检查，以保证竞赛活动正常进行。⑤在竞赛中，如发现辅导教师参与、队与队之间讨论，队员与队外人员讨论、不按规定时间发题和收卷，以及赛前泄题等违纪现象，将取消获奖名次，并通报批评。

13. 竞赛题目

竞赛题目是保证竞赛工作顺利开展的关键，应由全国专家组制定命题原则，赛前发至各赛区。全国竞赛命题应在广泛开展赛区征题的基础上由全国竞赛命题专家统一进行命题。全国竞赛命题专家组以责任专家为主体，并与部分全国专家组专家和高职高专学校专家组合而成。

全国竞赛采用两套题目，即本科生组题目和高职高专学生组题目，参赛的本科生只能选本科生组题目；高职高专学生原则上选择高职高专学生组题目，但也可选择本科生组题目，并按本科生组题目的标准进行评审。只要参赛队中有本科生，该队只能选择本科生组题目，并按本科生组题目的标准进行评审。凡不符合上述选题规定的作品均视为无效，赛区不予以评审。

14. 竞赛报名

参赛学校应在广泛开展校内培训与竞赛的基础上选拔出适当数量的优秀代表队报名参赛。每个报名的参赛队必须在报名时按照规则确定本队参赛选题的组别（本科生组或高职高专学生组），开始竞赛时不得更改。各赛区负责本赛区的报名工作，填写全国统一格式的赛区报名汇总表，并在规定的截止时间内上报全国竞赛组委会秘书处备案。

15. 评审工作与要求

根据竞赛评奖模式，竞赛评审分赛区和全国两级评审，按本科生组和高职高专学生组的相应标准分别开展评审工作。赛区的竞赛评审工作由赛区组委会组织、赛区专家组执行，需严格按照全国专家组制定的统一评分及测试标准执行，并在全国统一评分及测试标准基础上制定赛区的评分标准及测试细则，每个测试组至少由三位赛区评审专家组成，每位评审专家的原始评分及测试记录必须保留在赛区组委会，赛区向全国组委会推荐申请全国奖代表队时，必须将报奖队的设计报告、有赛区评审组每位评审专家签字的各项详细原始测试数据及评分记录、登记表和推荐表一并上报，否则不受理评奖。各赛区评分及测试细则需要上报全国组委会秘书处备案，以备全国评审时参考。

全国竞赛评审工作原则上由一个专家组在一地完成。全国竞赛评审分为初评和复评两个阶段。全国竞赛组委会负责组成全国竞赛评审专家组，对各赛区按比例推荐上报的优秀代表队的作品，按照命题时制定的全国统一评分及测试标准，参考赛区评审原始记录进行初评。

全国一等奖候选队一律集中在同一地点参加复评，原则上不再另行命题，以原竞赛题目为基础，由专家组确定测试内容和方式，参加复评的代表队名单以全国竞赛组委会届时公布的有关通知为准。

16. 上报全国评审的比例

赛区和全国对参赛规模进行统计时，一律以实际参赛队数量为准。实际参赛队是指已经正式报名并按时向赛区组委会上交参赛作品（含制作实物和设计报告）的参赛队。在赛区评审、评奖的基础上，赛区组委会应按时向全国组委会推荐本赛区的优秀代表队参加全国评审，推荐的队数分别不得超过当年本赛区本科生组和高职高专学生组实际参赛队数量的10%，逾期未上报的不予受理。

17. 评奖工作

（1）评奖工作采用“校为基础、一次竞赛、二级评奖”的方式进行，即竞赛建立在学校广泛开展课外科技活动的基础上，积极组织学生参加全国大学生电子设计竞赛活动，每次全国竞赛后，经赛区评奖（第一级评奖）后再推荐出赛区优秀参赛队参加全国评奖（第二级评奖）。

（2）各赛区组委会聘请专家组成赛区评委会，评选本赛区的一、二、三等奖，获奖比例一般不超过总参赛队数的三分之一。此外，对参赛成功者，赛区也可酌情颁发“成功参赛奖”或“成功参赛证书”。

（3）由于各赛区采用的是全国统一制定的竞赛命题和测试评分规则，赛区颁发的获奖证书、奖杯等冠名原则上为“×××× 年 ××× 杯全国大学生电子设计竞赛 ×× 赛区（本科生组或高职高专学生组）”。

（4）全国分组设立一、二等奖。本科生组和高职高专学生组获奖队数量分别不超过当年实际参赛队的 8%，其中一等奖和二等奖的比例原则上为 3:7。竞赛颁发全国统一的获奖证书。全国颁发的获奖证书、奖杯等冠名为“×××× 年全国大学生电子设计竞赛（本科生组或高职高专学生组）”。

18. 异议制度

为保证全国大学生电子设计竞赛评奖工作的公正性，对全国和赛区的评奖初步结果坚持执行异议制度，“异议期”自公布评审初步结果之日起为期 15 天，过期不再受理。异议期间，各赛区竞赛组委会和全国竞赛组委会受理参赛队有关违反竞赛章程、竞赛规则和纪律的行为等。异议须以书面形式提出，个人提出的异议，须写明本人的真实姓名、工作单位、通信地址，并有本人的亲笔签名；单位提出的异议，须写明联系人的姓名、通信地址、电话，并加盖公章。赛区竞赛组委会和全国竞赛组委会必须对提出异议的个人或单位严格保密。

全国竞赛组委会充分尊重各赛区的评审及评奖结果，赛区评审中出现的异议由各赛区组委会协调解决。

（五）全国大学生 FPGA 创新设计竞赛概况

为了加强全国高校学生在数字系统设计领域尤其是可编程逻辑器件应用领域创新设计与工程实践能力，培养大学生积极主动寻找工作任务并利用先进技术平台进行创新设计的能力，丰富和活跃校园创新创业学术氛围，推进高校与企业的人才培养合作共建，为社会培养具有创新思维、团队合作精神、解决复杂工程问题能力的优秀人才，由教育部电子信息类专业教学指导委员会及国家级实验教学示范中心联席会联合组织开展面向全国大学本科学生及研究生的第三届全国大学生 FPGA 创新设计竞赛（以下简称“竞赛”）。

竞赛以“创意发挥、规范设计、突破自我、快乐竞赛”为原则，采用统一开发平台、开放式自主设计、统一评审评奖的形式。

1. 本科生组

本次竞赛的引导性应用方向有高速信息处理、信息安全、测量控制系统、互联网 +、智慧物联网终端、娱乐游戏等。

各参赛队在必须采用组委会指定的 FPGA 的核心板开发平台作为设计核心的前提下，由参赛队自行选择参赛项目，并可以在指定的 FPGA 开发平台之外自行设计扩展搭建其他电路构成应用系统。

组委会向参赛队提供一套指定 FPGA 开发平台，详情见竞赛官网选题指南。竞赛期间 FPGA 开发平台损坏，可通过技术支持方协调购买。

2. 研究生组

本次竞赛的引导性应用方向有机器视觉、高端仪器仪表、智能工业制造等；各参赛队在必须采用组委会指定的 FPGA 的核心开发平台作为设计核心的前提下，由参赛队自行选择参赛项目，并可以在指定 FPGA 开发平台之外自行设计扩展搭建其他电路构成应用系统，详情见竞赛官网选题指南。

参赛队应选择有特色、有创意的项目参赛，设计方案应适宜对应 FPGA 产品的技术特点，最大限度地发挥指定 FPGA 开发平台能力，拓展思路、精心构思、仔细论证、创新设计，完成参赛作品。

3. 竞赛报名及参赛资格确认

竞赛组委会于每年 8 月上旬向各学校发出竞赛通知，8 月初启动竞赛系列宣传活动。各高校应组织校内报名与选拔工作。建议可依据项目的创新性、科学性、工程性、设计难度等因素选拔参加竞赛的队伍。竞赛协办及技术支持方将在 8 ~ 9 月间在国内数个参赛高校相对集中的城市举办技术辅导培训活动。

竞赛官方网站 9 月 1 ~ 30 日间开放报名，各高校务必于报名截止时间前通过竞赛网站完成报名工作，逾期截止。随后竞赛组委会将确认各参赛队参赛资格。

4. 竞赛培训

8 ~ 9 月间，竞赛组委会将组织各协办单位开展相关线上线下技术培训。

5. 竞赛初赛

竞赛分初赛及复赛两阶段。初赛由参赛队根据竞赛指南自主选题开展项目设计；完成硬件设计、软件编程和系统调试，各参赛队须在截止时间之前按指定要求通过竞赛网站提交设计文档和演示视频；未按时提交文档和视频的参赛队，视为自动放弃。

6. 竞赛复赛

12 月上旬举办竞赛复赛，获得复赛资格的参赛队需携带展示文档及参赛作品实物来复赛现场进行项目作品现场演示。演示形式包括专家质询和实物演示等。不参加复赛的参赛队视为自动放弃。

为保证竞赛的公正与公平性，作品复审期间将安排 FPGA 基础设计能力考核，通过测试的参赛队获得评奖资格。

竞赛专家组将根据参赛队演讲汇报、专家质询和作品 PPT 演示等环节表现出的创意发挥、完成程度、专业难度等情况进行评奖。

竞赛设立特等奖、一等奖及二等奖。其中，特等奖 1 ~ 2 项，一等奖不超过 15%，二等奖不超过 30%。其他部分优秀作品经专家评审可获优胜奖。

竞赛还将设立最佳创意奖、最佳工程奖各 1 ~ 2 项，可从特等奖、一等奖中选出。特等奖、最佳创意奖、最佳工程奖将根据实际情况评选，可空缺。协办单位可根据需要自行评选企业特别奖。

第七章　杭州电子科技大学科技创新活动实践

世有佳酿，必先埋藏。杭州电子科技大学科技社团——杭州电子科技大学科技创新孵化器经历了十多年的发展，就像一坛深深埋藏的美酒，馥郁香甜，历久弥新。近年来，秉持人才培养的宗旨，在学科竞赛、项目开发、辅助教学等方面取得了许多优秀成果。社团取得发展的同时，社团成员也走出了自己的辉煌。孵化创新型技术、孵化创新型产品、孵化创新型企业，是我们不变的宗旨。在“三个孵化”的引导及数届成员的努力奋斗下，社团于2016年获得全国大学生“小平科技创新团队”称号；逐渐形成了以人才培养为宗旨，科技研发为载体，项目与竞赛为辅助的运营模式。

第一节　“挑战杯”全国大学生科技竞赛实践

实例 1　环境试验设备温度性能检测服务平台

一、项目背景

随着城市化进程的不断加快，建设资源节约型、环境友好型社会是我国发展目标之一。如何引导企业按照国家的相关规定对环境试验设备温度性能进行定期检测，完善监督手段，提高检测的准确性、可靠性，减少检测纠纷，对贯彻落实资源节约型、环境友好型的发展目标具有重要意义。同时，国内民营的检测实验室逐步兴起，并逐步成为主力军。2018年检测市场竞争格局如图 7–1 所示。

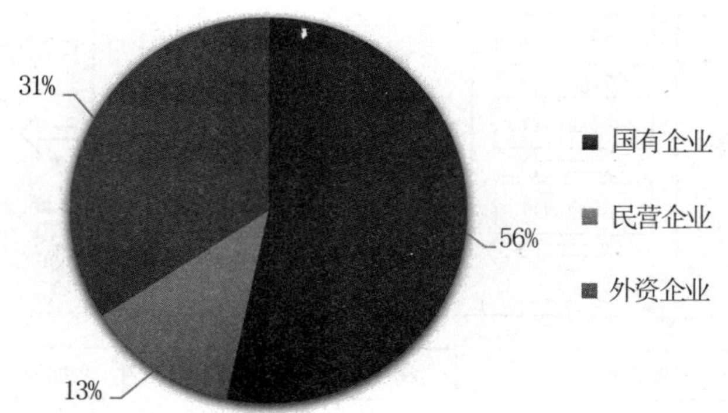

图7-1 我国检测市场竞争格局

国内外大多数封闭环境的温度检测系统价格昂贵，不易携带，不方便进行封闭环境的温度检测要求；常用灭菌检测装置相关参数如表 7-1 所示。环境试验设备温度检测基本是由国家检测机构及其下属公司所组成，企业申请产品检测流程烦琐，需要到检测机构来回跑动，耗费大量时间和精力，办事效率很低。

表7-1 常用灭菌检测装置相关参数

设备名	测量方式	测量范围	测量精度	价格
Kaye温度采集系统	“有线”温度测量	-200 ~ 200℃	+0.28℃	十万元以上
DT201温度检测仪	“有线”温度测量	0 ~ 100℃	+0.4℃	十万元以上
颐贝隆验证仪	“无线”温度压力测量	-40 ~ 100℃	+0.3℃	十万元以上

基于上述情况，检测服务平台研发的封闭式无线灭菌验证系统和一站式在线服务平台，能为客户提供良好的检测服务，提高了企业的检测服务效率。

二、检测服务平台定位

检测服务平台总体定位是经过浙江省人民政府计量行政管理部门计量认证（CMA），拥有独立研发温度检测产品能力，集检测、教学、科研为一体的中型检测实验室。平台依托杭州电子科技大学国家级实验中心和全国大学生小平创新团队进行研发。同时，我们还是一个富有朝气、敢于拼搏的创业团队，且具有如下优势：

（1）指导教师拥有检测实验室的工作背景和丰富的工作经验，熟悉该领域的专业技术特点。我们经历过多次计量认证（CMA），我们具有通过计量认证（CMA）的整个实力。我们有能力达到国家、省计量认证办公室要求的计量认证申请资料（包括质量手册、程序文件、作业指导书等），并通过书面审查。

（2）依托高校科研能力，研发封闭式无线灭菌验证系统和一站式在线服务平台。封闭式无线灭菌验证系统框图设计如图 7-2 所示。

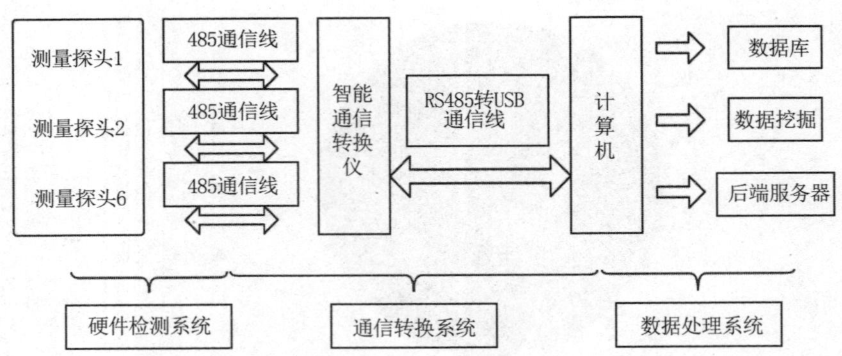

图7-2　封闭式无线灭菌验证系统框图

（3）团队成员为大学生，青春朝气、思维活跃，具有“互联网 +”营销思维，并构建了全方位的“互联网 +”营销推广模式。

三、检测服务平台总体概述

环境试验设备温度性能检测服务平台包括检测实验室认证、封闭式无线灭菌验证系统和一站式在线服务平台三大主体，平台组织框架如图 7-3 所示。

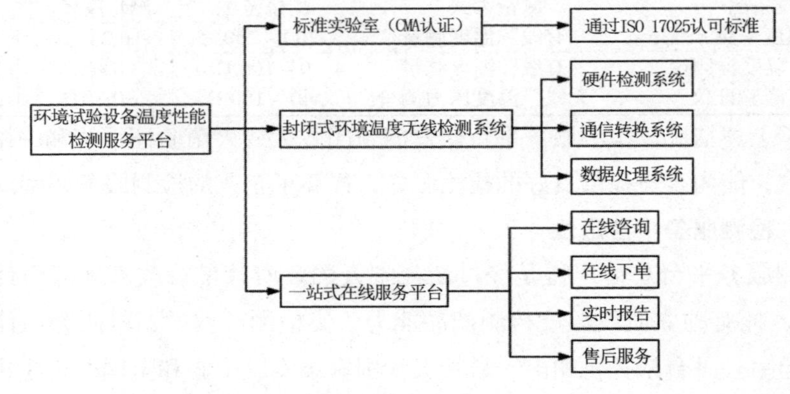

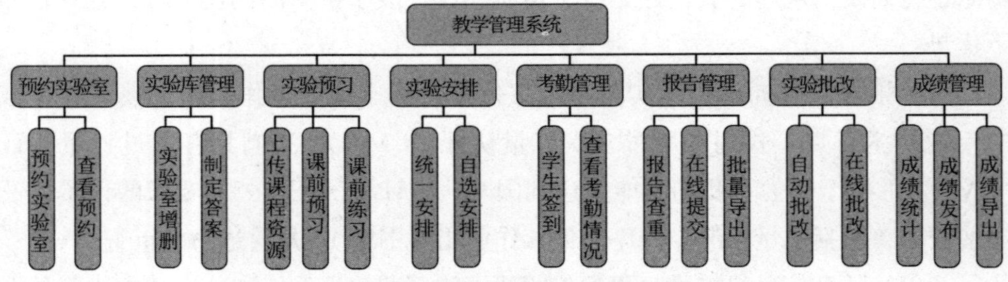

图7-3　环境试验设备温度性能检测服务平台

1. 检测实验室认证

检测服务平台依据《检测和校准实验室能力的通用要求》和《实验室资质认定评审准则》建立质量管理体系，并严格按体系要求运行，坚持公正性、独立性、诚实性，对检测结果严格做到科学、公正、准确。质量管理体系的文件分为四级，依次为质量手册、程序文件、作业指导书、记录表格。

2. 封闭式无线灭菌验证系统

灭菌验证系统的主体是一个测量探头，由低功耗的单片机、温度传感器、耐超高温锂电池、机械外壳等构成。保证测量数据的精确性，一次检测需要使用多个测量探头。通过通信转换系统实现多个测量探头的数据处理与分析，通信转换仪上由盒体、六个卡槽、USB 接口构成，六个卡槽能实现同时和六个测量探头相连，USB 接口则实现与电脑的数据发送和接收。设备实物模型如图 7–4 所示。

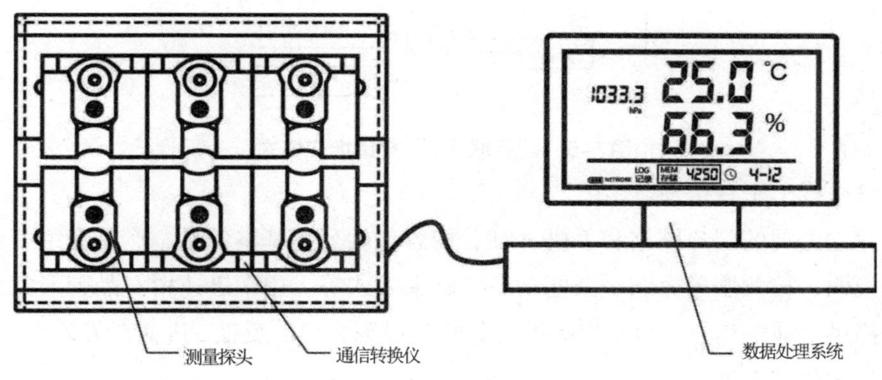

图7–4 设备实物模型

3. 一站式在线服务平台

平台贯彻了国家“最多跑一次”的方针，实现在线咨询、在线下单、在线支付、定时服务、实时报告、售后服务等全程互联网化，大大缩短时间，提高企业的办事效率。

基于“互联网 +”思维模式搭建线上平台和铺设线下渠道，构建了全方位的“互联网 +”营销推广模式，如图 7–5 所示。

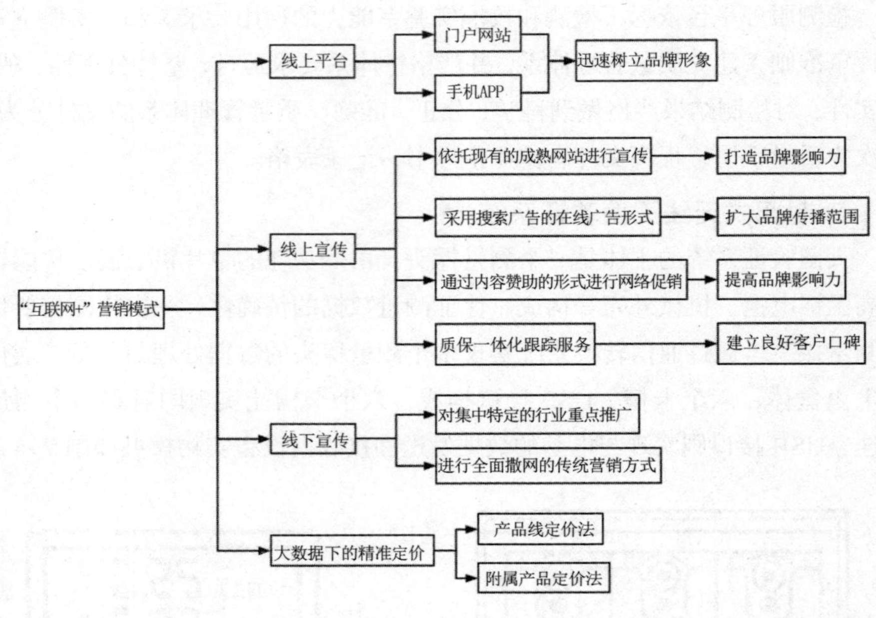

图7-5 "互联网+"营销推广模式

（1）线上平台搭建。

建立公司的门户网站和手机 APP，内容包括公司基本信息、产品介绍、产品使用说明、检测服务介绍、新闻动态、联系方式等。用来迅速树立品牌形象，给客户提供专业的信息，为客户提供服务并且得到客户的反馈，进而激发潜在用户，提高公司的知名度。

（2）线上宣传形式。

依托现有的成熟网站进行宣传，打造品牌影响力。如通过中国仪器网、汇仪天下等网站，提高公司检测服务、产品的知名度和专业性。另外，也在伍一公司等平台上投放公司研发的科技产品，伍一公司是浙江省科技厅办的一个科技成果转移转化的共享平台，以此进行技术方面的网络宣传。

采用搜索广告的在线广告形式，扩大品牌传播范围。根据我们检测机构的精确性、专业性等特点，确定相关的关键词，撰写广告内容并自主定价，在百度搜索等各大搜索引擎和手机 APP 上投放广告。

通过内容赞助的形式进行网络促销，提高品牌影响力。公司通过赞助不同网站上的专项内容，比如在食品检测、医疗卫生等主题内容上，使公司名称获得展示，以此更高效率地进行网络促销、精准营销，提高知名度。

质保一体化跟踪服务，建立良好客户口碑。对于使用过我公司产品及服务的单位和个人，我们通过邮件方式，并借力社会化媒体平台进行售后跟踪服务和关系维系，最大限度地争取市场份额，以此挖掘客户的潜在需求，培养顾客忠诚度，提升客户满意度，借以形成良好的口碑，提高试购率和试购—常用转化率。

（3）线下宣传。

考虑到检测行业涉及企业的上游供应商与下游采购方，并且各机构或客户在检测项目上自主性很强，各企业的品管部可以自主选择与决定第三方检测机构。我们可多向销售代表灌输专业知识，充分调动他们的积极性，进行全面撒网的传统营销方式寻找有价值的客户。

四、检测服务平台客户群

检测服务平台立足杭州市，辐射江、浙、沪地区；主要面向医疗器械生产企业、药品生产企业和国有医疗机构等客户群开展检测服务。

江、浙、沪地区医疗器械生产企业约3315家，杭州地区约235家，其中包括：浙江友利医学科技有限公司、杭州西湖生物材料有限公司、杭州奥星医疗器械有限公司等。制药企业全国约有9523家（2018年数据），且数量逐年稳定增加，江浙沪地区1167家（2018年统计数据），其中包括：浙江九旭药业有限公司、杭州民生药业有限公司、浙江康乐药业股份有限公司等。药品生产企业、医疗器械生产企业和国有医疗机构数量见表7–2。

表7–2　全国医疗企业相关数据统计

类型	生产企业（家）	经营企业（家）
药品	9523	1844
医疗器械	9624	2144
保健食品	1027	198
仪器设备	971	1593
药包材	1425	110
辅料	241	97
其他	3061	803

五、经济效益和社会效益

1. 经济效益

按照市场占有率进行预估：1 ～ 3年客户数量为30家，3 ～ 5年客户数量约为48家，产品成本约为800元/探头，一家客户公司净利润为5000元，1 ～ 3

年净利润由潜在客户、市场占有量和预估净利润计算可得约为 150000 元 / 年。3 ~ 5 年净利润可得约为 225000 元 / 年。前五年净利润总额和营业额表如表 7–3、表 7–4 所示。

表7–3　前五年净利润总额表

年份	潜在客户数量（个）	市场占有量	净利润/客户（元）	净利润总额/年（元）
1 ~ 3年	4482	0.64%	5000	150000
3 ~ 5年	5000	0.96%	5000	225000

表7–4　前五年总营业额和总成本估计表

年份	预计客户数量（家）	每家灭菌柜购买数量（台）	检测费用/次（元）	预计检测营业额（元）
1 ~ 3年	30	5	1500	225000
3 ~ 5年	48	5	1500	360000
年份	预计客户数量（家）	预计检测仪销售数量（台）	检测仪价格/台（元）	预计销售营业额（元）
1 ~ 3年	5	5	7500	37500
3 ~ 5年	10	10	7500	75000
年份	总营业额	总成本	净利润	—
1 ~ 3年	262500	112500	150000	—
3 ~ 5年	435000	195000	240000	—

2. 社会效益

借力市级、省级创新服务平台，搭建公司“互联网 +”检测服务平台；通过参与产业技术标准制定，对药品生产企业、医疗器械生产企业和国有医疗机构规范化发展发挥积极的影响作用；积极推动药品生产企业、医疗器械生产企业和国有医疗机构规划发展；促进地区检测实力的提升。

实例 2　大学生科技创新智能实训平台

一、产品概况

以深化实验室教学改革为指导，以提高学生的工程创新能力和可持续发展能力为培养目标，依托杭州电子科技大学电工电子国家级实验教学示范中心、电子信息技术国家级虚拟仿真实验中心和全国大学生“小平科技创新团队”，自主研发了适用于电工电子实验教学、学科竞赛集训和开放实验使用的实训平台及配套管理软件，实物图如图 7–6 所示。

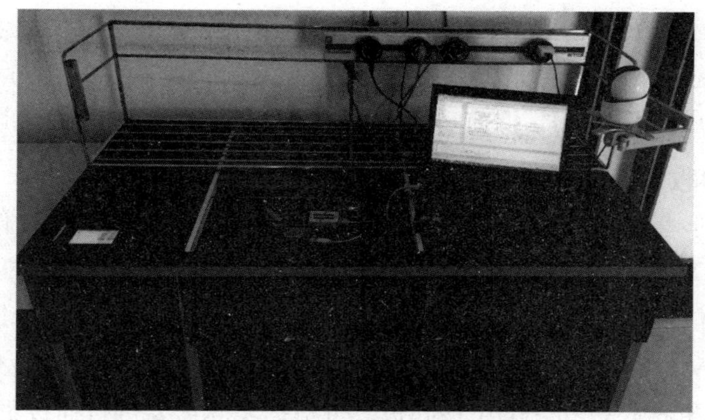

图7-6　大学生科技创新智能实训平台

大学生科技创新智能实训平台包括人机交互系统、实验教学套件、智能实验管理系统、通用实验桌四部分，结构框图和实物图如图 7-7 所示。

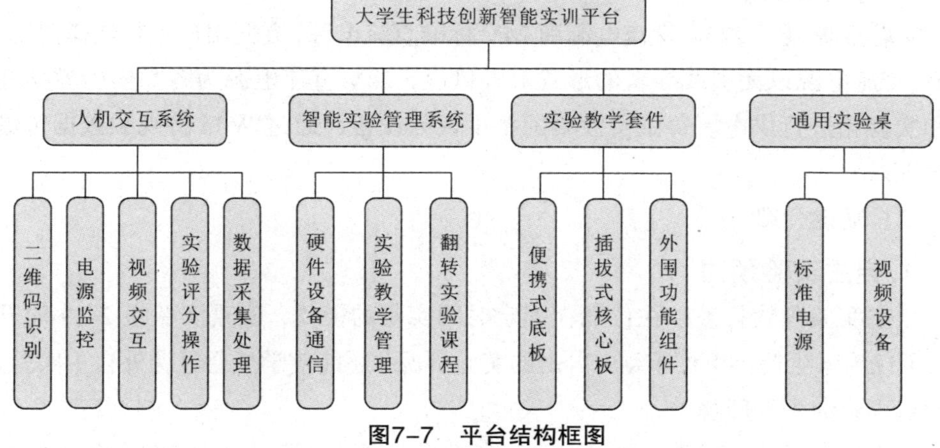

图7-7　平台结构框图

1. 人机交互系统

系统主要由二维码识别模块、语音模块、显示模块以及图形交互界面组成，承担电源监控、视频交互、实验呼叫应答和数据采集处理等功能。学生通过扫描包含学号信息的二维码进行实验预约验证及实验操作，教师扫描包含工号信息的二维码后对学生的实验操作进行成绩评定。

2. 智能实验管理系统

不同于常用的教学管理软件，智能实验管理系统能通过 WiFi 与实验教学套件、视频设备、电源控制模块等硬件设备进行数据通信。系统集成了实验教学、成绩评定和报告管理等功能，能将虚拟仪器采集到的数据直接嵌入到实验报告中，并为用户提供超文本编辑器和实验报告生成向导。同时能满足翻转实验课程的教学要求，提供在线视频学习、课前知识测验、实验讨论、后台大数据统计等功能。

3. 实验教学套件

实验教学套件包括便携式底板、插拔式核心板和外围功能组件块三部分。便携式底板基于DIGILENT的口袋仪器Analog Discovery 2进行二次开发，提供示波器、信号发生器、电压表和逻辑分析仪等虚拟仪器，并提供3.3V、5V、±12V和24V电源。插拔式核心板包括51单片机核心板、PIC18单片机核心板、STM32单片机核心板和FPGA核心板，可根据实际需要进行插拔更换。外围功能组件包括物联网开发组件、机电控制开发组件、无线电开发组件、电源学习组件及各类教师自制组件等。

4. 通用实验桌

实验桌提供了220V交流电源和24V标准直流电源，方便用户进行选择使用。220V交流电源以无引线导轨的形式对外供电，24V直流电源为各类实验教学套件和实验箱进行供电。每张实验桌配备了视频设备，通过WiFi将视频数据传输到管理系统。

二、功能介绍

1. 自主实验预约

自主实验预约打破以往仅能在固定时间实验的模式，实现实验室24小时开放，不仅为学生提供更加丰富、自由的实验资源，还能使学生通过课外自主实验，实现对理论的深入理解。

学生仅需通过互联网，登录实验管理系统的网站，即可自主安排预约实验时间和实验内容，系统将自动分配实验桌，并给予学生专属二维码。学生在预约时间，在分配的实验桌上扫描二维码码即可开始自主实验。

此外，本平台在预约时还将进行实验相关的“理论测试”，通过测试的学生才能被分配实验桌，并给予专属的二维码。“理论测试”的主要目的是为了确保学生在实验前已经拥有相关知识，节约宝贵的实验资源。

2. 智能数据采集

智能数据采集，打破以往从示波器、扫频仪、万用表等大型测量仪器上，手动收集数据的方式，实现数据的自动采集和上传，使学生不在浪费精力在测量仪器的手动连接和数据的枯燥记录上，让学生专注于实验本身。此外，由于实时、自动采集数据，可以方便使用计算机进行多组数据对比分析，避免数据浪费，打破以往测量仪器数据量少的情况。

智能数据采集在实验中实时、自动进行，相关数据自动上传云端。此外，实验台的屏幕可以实时显示相关数据，取代以往实验台的示波器、扫频仪等大型仪器。

3. 自动报告生成

自动报告生成，改革了以往学生根据实验中记录的数据，手动撰写实验报告的形式，使学生能集中精力在实验过程之中达到最大化的实验效果。同时，统一的报告格式，方便老师进行比较、评分，避免因为字迹不清、抄写错误影响学生的实验成绩。

实验报告在实验结束后自动生成，学生仅需要填写实验反思等回顾性栏目，对实验进行相关总结。此外，报告格式、实验数据、实验结果均由系统自动采集生成，学生无权修改，确保实验结果真实、可靠。

4. 云端教师评分

云端教师评分，辅助实现了 24 小时无人监管实验，实验的教师仅仅需要在空余时间，对标准格式的实验报告进行评分，不仅节省了教师的时间，并且由于使用标准格式的实验报告，方便教师进行横向、纵向对比，还能给出更为公正的实验成绩。教师仅需通过互联网，登录实验管理系统的网站，即可查看相关学生的实验报告及实验的过程，并对学生的实验表现进行评分。

三、技术实现

（一）云平台技术实现

1. 实验预约技术实现

这一部分，我们参考了 restful api 的设计模式，将功能拆解为微服务，通过进程间通信同步数据。

为了实现实验预约技术，我们在 ThinkPHP 搭建的主服务中设计了多个 API，用于发送数据实现预约状态改变的功能。而服务器与单片机之间，使用了基于 node.js 实现的 http api 服务器，单片机通过 tcp/ip 发送数据包至服务器，api 服务器对该数据包做出响应，从而实现了预约功能。

在数据安全上，由于单片机与服务器通信没有通过校园网，单片机链接的 WIFI 信号也是隐藏 WIFI，我们对数据加密没有考虑，以此实现高效的数据传输，但是在单片机链接时，我们使用 Outh2 的方式对单片机身份进行了验证，提高安全性，防止有黑客抓取到数据包后通过发送伪造的 http 请求篡改数据。

2. 自动实验报告生成技术实现

我们选择 markdown 作为页面内报告编辑器的填写方式，并集成了代码高亮截图上传和 latax 等实用功能，便于学生操作。

当学生填写完一部分内容后，页面内 js 将会在浏览器的 localstorge 内对应字段（实验编号）内追加存储当前学生填写内容直到进行最后一项。

当学生填写完最后一项内容后，页面内 js 将 localstorge 中的内容追加载入到页面内，通过特定 css 进行修饰，以满足打印需求，最终将其打印为 PDF，实现实验报告即时存储和导出。之后，这部分数据将被存放在数据库内，当教师需要导出时，重复上述操作，即可进行打印。

3. 后台数据库技术实现

数据库部分采用 MySQL 构建。（见图 7-8）在前端可通过调用后端接口对数据库进行查询，对数据进行显示。数据库用 ER 图进行设计，并将其转换为数据表。

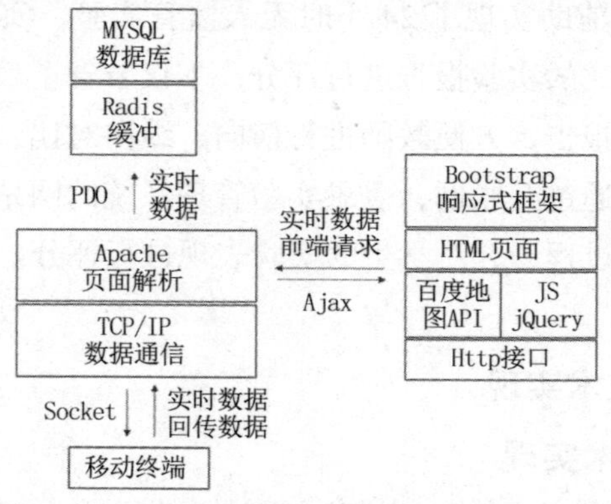

图7-8　服务器架构图

服务器通过 TCP/IP 协议与地面站通信，通过 PDO 与数据库之间的交互连接，通过 http 并由 ajax 辅助与前端页面交换数据，是构建本系统必不可少的部分。

PDO 是 PHP DataBase Object 的缩写，是一个高度抽象的数据库对象，将各种数据库指令抽象为统一的函数，当业务量扩张时，整个程序仅需修改 PDO 的 object 名称，而不需要大范围修改程序。

（二）智能实验桌技术实现

1. 用户交互系统技术实现

硬件部分。该系统以 STM32 为控制芯片，ESP8266 WIFI 模块实现实验台与云平台的通信，科大讯飞的 XFS5252 语音合成模块为用户提供语音提示，4.3 寸 TFTLCD 电容式触摸屏与用户进行交互，二维码扫描模块 GM-65 用于验证用户身份，继电器用来控制实验台的上电。已在云平台预约的用户可在预定的时间，在预定的实验桌进行二维码扫码验证，学生信息会通过 WIFI 模块与云平台预约信息对比，验证成功后交互系统为实验台提供 24V 直流电压，学生可进行实验，预定时间结束后自动断电（见图 7–9）。

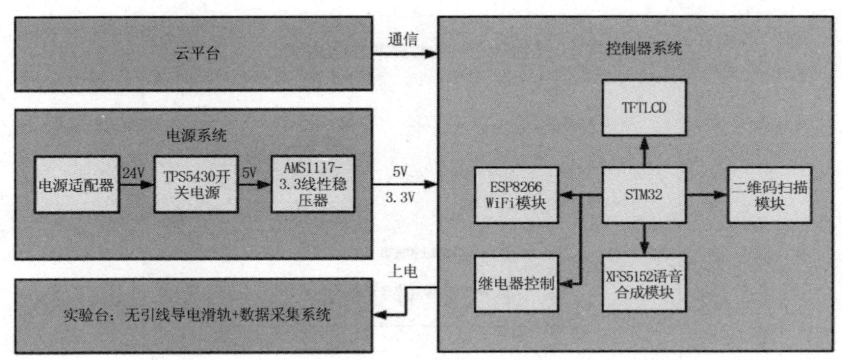

图7–9　用户交互系统硬件设计图

软件部分。实验桌交互系统软件部分以 ucosIII 嵌入式操作系统为基础，结合 STemwin 专业级图形库，包含了实验桌预约信息显示，学生教师身份验证，控制实验箱上电断电，教师打分并数据回传服务器，WIFI、提示音设置等功能，承担实验前后与学生老师进行信息交互的任务（见图 7–10 ~ 7–13）。

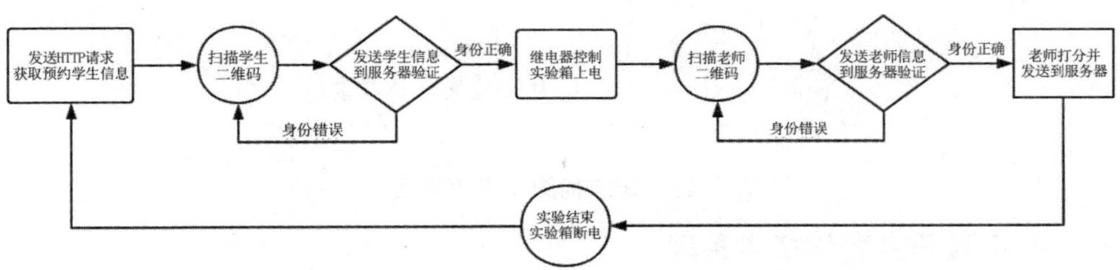

图7–10　用户交互系统软件设计图

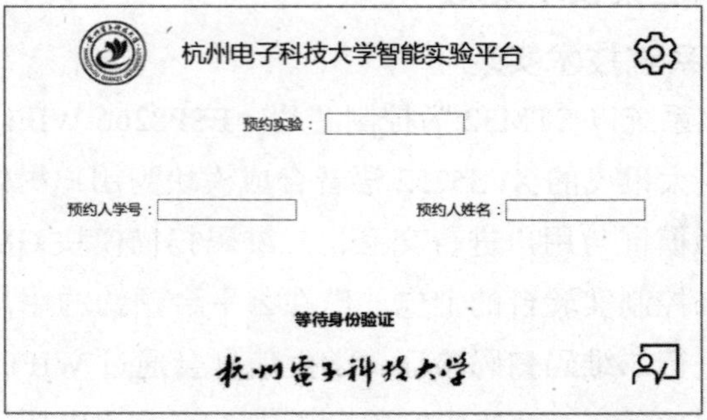

图7-11　UI结构图（学生界面）

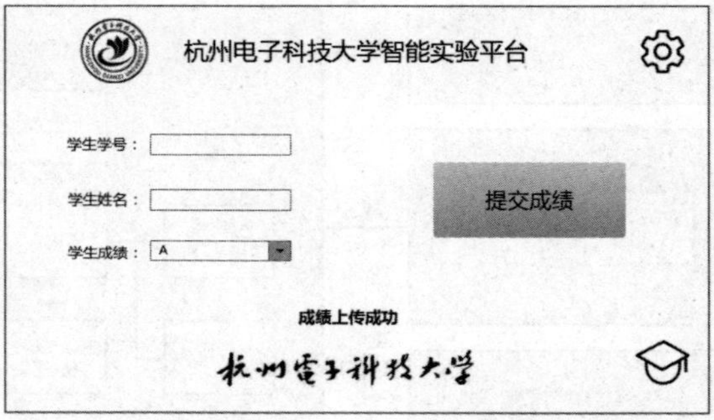

图7-12　UI结构图（教师界面）

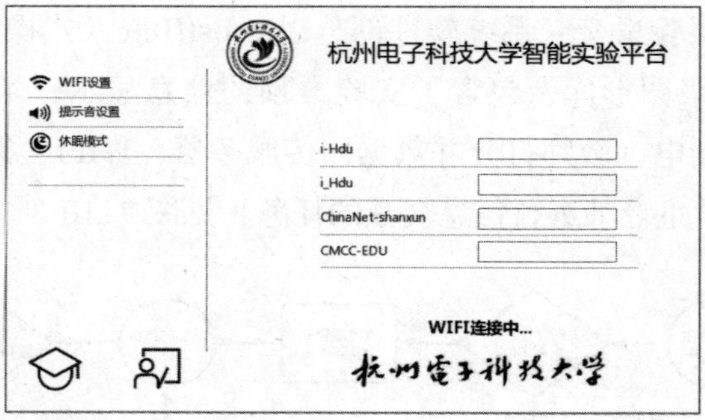

图7-13　UI结构图（设置界面）

2. 实验开发套件技术实现

本产品为便携式智能实验平台模块之一。安装方便，使用简单，拥有统一且丰富的接口资源。可方便地更改核心板型号、模块类型和数据输入输出接口。可以让用户方便地测量各个接口的输入输出情况。作为实验平台，这套技术可以将用户从烦琐的接线、电源适配等底层劳动中解放出来，专注于实验本身（见图 7–14）。

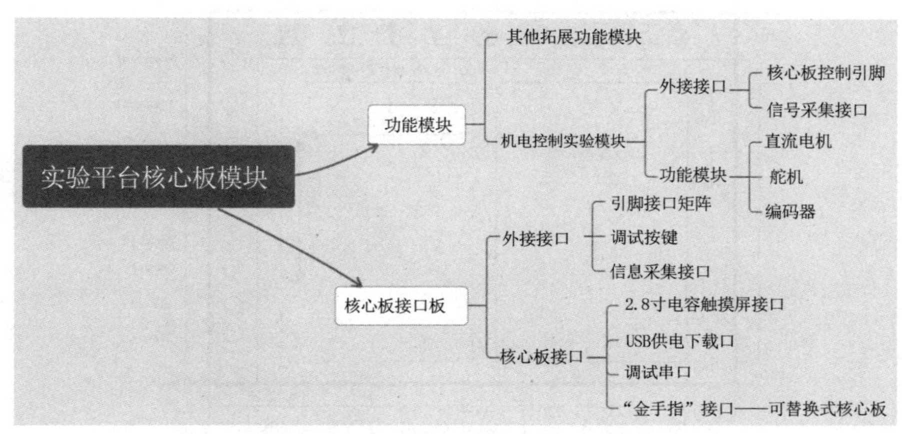

图7–14　总体架构

核心板接口板集成了 J-link 下载调试器，CH340 USB 转 TTL 串口模块，可以使用 USB 接口连接电脑，实现了供电、代码下载和串口调试功能。引脚接口矩阵拥有 200 个排针接口，保证所有引脚都可连接。“金手指”接口保证了核心板方便更换，容易插拔且拥有良好的接触导电性。核心板接口板自带一块 2.8 寸触摸屏，可显示图形化界面和数据状态信息。

机电模块使用 12V DC 座供电以保证功率器件正常使用，使用 L298N 电机驱动芯片，可控制两个直流电机或一个两相步进电机。编码器可读取电机转速，方便控制电机。多个舵机或伺服器使用 PWM 控制，可实现多种功能。模块使用杜邦线连接排针的方式实现与核心板的连接。用户可方便地更改连接方式。

3. 智能测量技术实现

数据采集装置是一款为实验数据采集并进行分析、显示的智能产品，由 Digilent Analog Discovery 2 和 PC 端组成。Digilent Analog Discovery 2 是一个迷你型 USB 示波器和多功能仪器，可以让用户方便地测量、读取、生成、记录和控制各种混合信号电路。同时可以搭配 PC 端 LabVIEW 软件调用 DIGILENT 智能仪器基础硬件进行编程控制及用户界面设计的 API 函数来自行定制属于自己的智能仪器创新应用及创新仪器用户界面，例如函数信号发生器、电压表、示波器等。极大提高了工作效率，降低了开发成本，使用起来更加方便（见图 7–15）。

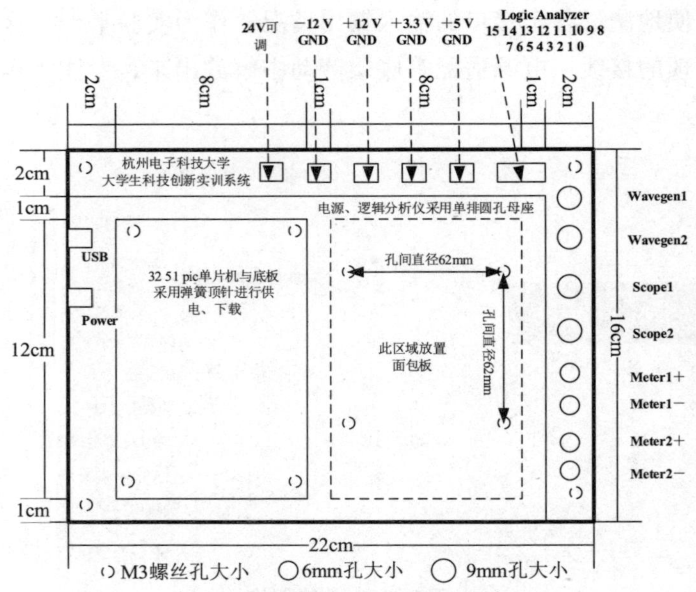

图7–15　智能测量系统布局图

四、市场营销

1. 市场分析

教育部公布的《2013年具有普通高等学历教育招生资格的高等学校名单》中提到：我国目前有普通本科院校共879所，高职（专科）院校共1266所，独立学院共287所，分校办学点52个。截至2017年6月30日，中国合格评定国家认可委员会（CNAS）认可的机构数量已突破9000家，达9024家，同比增长12%。其中，认证机构159家，实验室8389家，检验机构476家。我国认可的管理体系认证占国际认可论坛（IAF）互认认可管理体系认证的四分之一，我国认可的实验室和检验机构占国际实验室认可合作组织（ILAC）互认认可实验室和检验机构的八分之一。

国家重点实验室是科技可持续创新能力和强大竞争力的核心载体，是进行高水平基础研究和应用基础研究、培养和汇聚优秀人才、开展学术交流的重要科研平台。一般而言，如果一个学校拥有两个以上的国家重点实验室，那么这所高校基本就是全国重点大学了。中国国家重点实验室计划始于1984年，通过30多年的发展，到2016年底全国已建成317个国家重点实验室，基本覆盖了我国基础研究的大部分学科，如信息、材料、化学、工程等。

2. 营销方式

我们团队主要选择的营销方式是渠道营销，主要的形式就是与一些企业进行合作营销，借助企业的影响力来扩大营销面。目前我们主要的合作对象是美国Digilent公司，这是一家在FPGA、微处理技术领域具备顶尖设计、制造水平的公司。从2000年成立以来，Digilent始终向着更加卓越的目标不断迈进，目前为止，在全球70多个国家、2000多所大学都有Digilent的产品。因此我们可以有更大的营销市场。

五、发展规划

1. 短期规划

2018年，本项目将完成第一代实验平台的开发及试生产，并实现小规模推广使用。其中，第一代实验平台的三大件“通用实验平台、实验管理系统、实验套件”的开发是本项目的核心任务。目前，本项目已经基本完成通用实验桌的开发，预计在2018年6月前完成实验管理系统的开发，在2018年9月完成第一套实验套件“机电套件”的开发。此外，本项目预在2018年10月实现试生产，预计首批制造10台，并在杭州电子科技大学率先推广使用。2019年，本项目将Digilent以产学研合作形式，借助其销售渠道，在全国推广销售，并完成第二套“数字电路”实验套件的开发和第三套“模拟电路”实验套件的开发。

2. 长期规划

未来，我们将自主开发第二代实验平台，实现全套实验平台软件、硬件自主研发，并获得自主知识产权。此外，我们还将通过对实验报告及数据进行大数据分析，为高校实验课程改革提供参考信息。

第二节　国家级大学生创新创业训练实践

实例 1　基于FPGA与RISC-V架构的手语识别系统研究

一、项目研究背景

1. 研究现状

目前手势识别在多个领域已有广泛应用，包括：消费电子、游戏设备、个人电脑、智能电视、汽车行业和医疗保健行业。据统计分析，全球手势识别市场收益在2018年底达到7.15亿美元，从2013年到2018年的复合年均增长率达到

50.77%。市场出货量在 2018 达到 2.04 亿，从 2013 年到 2018 年的复合年均增长率为 79.22%。随着手势识别技术的成熟，市场的完善，手势也将逐步普及为越来越重要的人机交互方式。

从输入方式上，当前手势识别的研究分为单目摄像头、深度摄像头及非视觉类的手套、超声波、近场成像等技术方向。相对来说，基于视觉的手势识别可以直接捕捉手势信息，交互方式更加自然，能识别更丰富的手势语汇。目前单目摄像头在个人计算机、手机等产品设备中十分普及，同时在成本和功耗上远低于深度摄像头，并具有更长的使用距离，十分适合作为手势识别的输入设备。因此基于单目摄像头的手势识别具有广泛的应用场景。另一方面，相比深度摄像头可通过深度信息实现手部区域的分割和手形建模的优势，基于单目摄像头的手部检测和手形识别则面临多种光照条件、复杂背景和近肤色背景、运动模糊及手部姿态旋转等问题的影响。因此一旦克服这些难点，有望实现鲁棒的基于单目摄像头的手部检测和手形识别。这种方案比深度摄像头的方案成本更加低廉，有更广泛的应用前景。

现阶段基于单目摄像头的手势识别的一大难点仍然集中于如何在复杂背景、极限光线条件、运动模糊及多变手部形态的情况下完成鲁棒的手部检测和手形识别。针对课题研究目标，传统手势识别算法可以分为两种，一种先手部区域分割再手形识别，另一种是基于人工特征的目标检测方法识别手形。而随着近几年深度学习的发展，有研究将基于深度学习的目标检测算法用于手势识别，获得明显优于传统算法的准确率。

2. 研究意义

世界上有这么一群人，他们能看到这个大千世界的美丽颜色，但是无法听到风吹树叶的声音，也无法用声音来告诉周围的人他们的感受。这个群体叫作聋哑人。据统计，全世界听力受损的人数超过了 5 亿，而且该数字还在上升。在我国，聋哑人群体在全国人数将近 2%，超过 2080 万人。

而手语是聋哑人和外界表达思想时所使用的交流工具。但是，手语在社会上的整体普及范围还不够理想，能够理解手语的人数量稀少。这就导致了聋哑人在正常工作、生活各个方面均存在沟通障碍。为了消除聋哑人与健听人间沟通的障碍，使聋哑人能够更快、更好地融入社会。利用 AI 技术和嵌入式设备进行自动识别和高效翻译。对这个特殊群体而言具有重要的社会价值。

近几年来，随着人工智能的迅猛发展，神经网络被广泛地应用于图像识别、语音识别、自然语言识别等各个领域。而神经网络具有数据密集和计算密集的特点。传统的通用芯片在处理它们时受到了带宽和能耗等限制，因此人们开始改进通用芯片的结构。比如支持低精度运算或者增加一个加速神经网络处理的计算模块。但它们毕竟是通用芯片，在完成一些特殊运算时效率总会被限制。例如 CPU 就必须包含高速缓存、分支预测、批处理、地址合并、多线程、上下文切换等通用功能。这就导致了硬件资源的浪费，所以实际效果并不是很理想。而事实上神经网络所用到的运算类型并不算多，很多都是在重复相同的计算过程。例如使用 CPU 运算 AlexNet 时在卷积层上的处理时间为系统总处理时间的 89%。而这些运算大可并行运行，也不需要太复杂的硬件电路。因此研究专用的神经网络硬件加速器有着极大的科研意义。

二、项目研究目标及主要内容

1. 研究目标

随着现代科技的不断发展，人工智能这一关键技术将在各方各面扮演着越来越重要的角色。然而其在发展的过程中受到硬件速度的制约。本项目采用了 FPGA 作为硬件加速电路，并作为嵌入式系统的外设，将极大地提升神经网络运算速度，使不依赖网络的手语识别功能成为可能。希望这将为人工智能发展受硬件制约问题的解决提供一定的动力。

聋哑人占据了社会中的极大比例，手语是他们与外界交流的主要手段。本项目通过实现手语识别系统使得没有经过系统手语训练的健听人士也能方便地与他们沟通。希望这能为他们带去一丝温暖，让他们更好地融入这个社会。

2. 主要内容

基于 Xilinx 的 ZYNQ 系列开发板打造一款带有神经网络硬件加速器外设的手语识别系统。它能够实时翻译出摄像头采集到的手语并将其显示在屏幕上，此外具有语音实时播放以及文本保存功能。

ZYNQ 是 Xilinx 公司推出的行业第一个可拓展处理平台。旨在为视频监视、汽车驾驶员辅助以及工厂自动化等高端嵌入式应用提供所需的处理与计算性能水平。其本质说白了就是结合通用基础双 ARMCortex-A9MPCore 处理器和 28nm7 系列 FPGA，以实现高度的灵活性、强大的配置功能和高性能。应用开发人员在进行普通嵌入式开发的同时可以利用可编程强大的并行处理能力。ZYNQ 还具有集成的存储器、各种外设和高速通信接口，实现了工业标准的AXI接口。芯片的两个部分之间实现了高宽带、低延迟的连接。因此ZYNQ非常受到AIOT（AI+IOT）开发者的青睐。

开发中所涉及的各个方面以及其之间的联系如图7–16所示。可见本项目主要涉及三方面的工作。第一，手语识别卷积神经网络的设计；第二，FPGA硬件加速模块的设计；第三，编写ARM核嵌入式系统对整个手语识别系统进行调度。

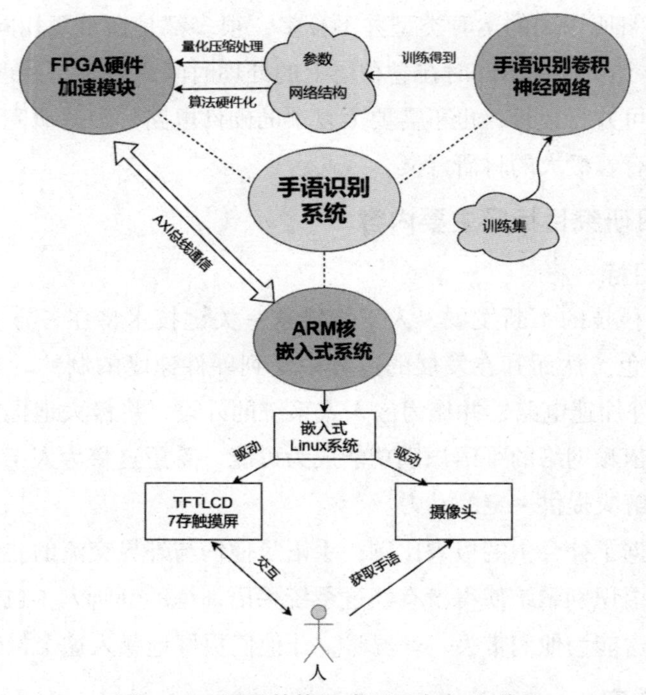

图7–16 项目整体组成以及各部分联系

（1）手语识别神经网络原理，其中包括卷积神经网络，以及循环神经网络等常见的深度学习模型。具体内容涉及M-P神经元模型，典型卷积神经网络拓扑结构，以及并行操作的实现原理。通过Pytorch实现软件层神经网络的参数训练，将近似的模型在Pytorch中实现。CNN基本结构图如图7–17所示。

神经网络压缩。神经网络的压缩不但具有必要性，也具有可能性。首先，尽管神经网络通常是深度越深效果越好，但针对具体的应用场景和需求，适当深度和参数数目的网络即能够满足。盲目加深网络复杂度所带来的微弱性能提升在许多应用场合意义并不大。其次，神经网络常常存在过参数化的问题，网络神经元的功能具有较大的重复性，即使在网络性能敏感的场景，大部分网络也可以被“安全地”压缩而不影响其性能。

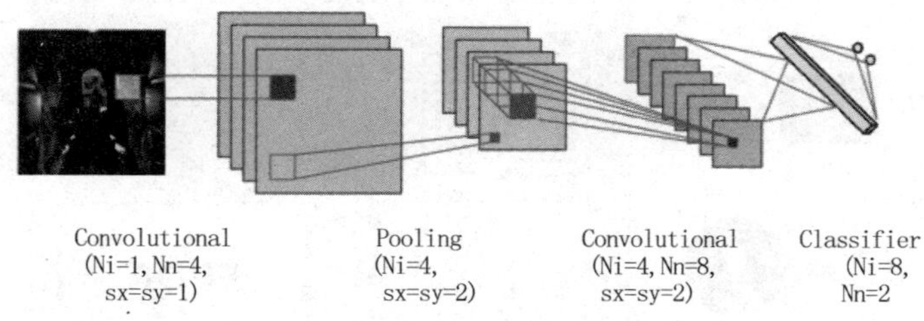

图7–17　CNN典型模型结构图

（2）FPGA 硬件加速模块。在算法层实现，即在神经网络参数训练时，需要对全连接层的权重参数进行量化和压缩处理，从而减小权重所占 SRAM 的内存大小。

对于比较小的网络，采用全硬件实现策略，如图 7–18 所示。这种方法优点是能效高，体现在高吞吐，低功耗。

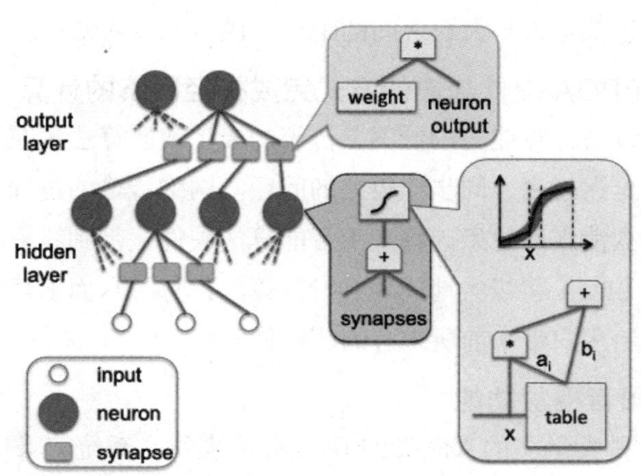

图7–18　神经网络全硬件实现结构

（3）ARM 嵌入式系统开发。编写嵌入式下载进 ARMCortex-A9MPCore 处理器完成对整个系统的控制。采用嵌入式 Linux 操作系统来调度任务、管理外设驱动、管理存储系统。具体任务有控制 TFTLCD 触摸屏实现 GUI 完成和用户之间的交互。采集摄像头的数据并通过 AXI 总线传入 FPGA，再通过 AXI 总线获取 FPGA 中神经网络的判断结果。通过文件系统读取存储在 SD 卡中的神经网络训练参数并通过自定义的协议写入 FPGA 中。ARM 所管理的整体系统结构如图 7–19 所示。

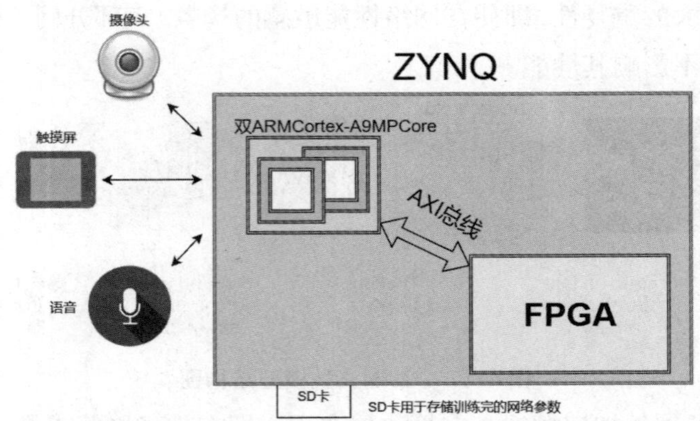

图7-19　ARM控制的整体系统框架

三、项目创新特色概述

1. 采用卷积神经网络实现手语的识别

相比于传统训练专门的手语工作者来和聋哑人交流，使用摄像头和神经网络算法的人工智能完成交互明显、更容易上手。也极大降低了健听人士与聋哑人交流的门槛，拉近了聋哑人与大众之间的距离。创新的技术使社会更具人情味。

2. 运用了 FPGA 硬件加速的方式完成神经网络的计算

由于嵌入式设备计算能力的低下，传统的人工智能算法多在云端服务器中实现。这就导致了延迟过高、同步性较差的问题。网络传输的过程中可能会被抓包也带来了用户数据泄露的隐患。将人工智能算法硬件化带到线下就能解决这一系列难题。高速的 FPGA 将极大地展现并行计算的优势，从而缩短用户手语输入与识别时间间隔，给用户带来前所未有的流畅体验。

3. 实时的语音播放功能

系统将搭载科大讯飞的 XFS5252 语音合成模块。系统将聋哑所表示的手语实时翻译成文字之后还能实时地播放出来。免去了用户盯着屏幕观看的烦恼，进一步提升用户体验。

4. 便于更新的手语识别神经网络

系统通过一张 SD 卡来导入训练完的神经网络参数。具体过程为：ARM 核的 Linux 系统在检测到 SD 卡插入后，会自动将 SD 卡挂载到文件系统之下。在根据自定的数据格式读取参数并通过 AXI 总线将参数发送至 FPGA 端。这意味着后续训练出准确度更高的神经网络之后也能及时地更新调整，给后续持续的更新带来不少的便利。

四、项目研究技术路线

1. 手语识别神经网络的实现

对于卷积神经网络的部分，可以在常见深度学习模型的基础上，进行优化处理，我们使用 Pytorch 实现软件层神经网络的参数训练，具体实现大致分为以下七个步骤：

（1）寻找与将要使用的摄像头像素匹配的手语数据集，并进行数据读取与处理，其中包括数据归一化处理，独热编码处理等。

（2）依照典型卷积神经网络模型构建网络结构。

（3）定义损失和优化器，可使用交叉熵损失和 Adam 优化器或 SGD 随机梯度下降法。

（4）将处理的数据以一定比例作为训练集和测试机，训练和测试上述网络。

（5）优化处理，把训练和验证的结果 loss，acc. 等参数打印，并根据实际情况调整模型。

（6）重复以上过程直到得到满意准确率的网络模型。

（7）将参数进行定点化处理并进行压缩，方便日后导入 FPGA。将网络结构传授给 FPGA 算法硬件化负责人员，以便于他们开展工作。

2. FPGA 硬件加速电路的实现

在训练出满意的神经网络之后就需要着手把算法硬件化，我们采用 vivado 的 HLS 来生成硬件电路。（见图 7–20）相比于传统的 FPGA 开发流程，采用 HLS 更适合确定算法的硬件化过程，因为它允许使用 C、C++ 等高级语言来调用已经封装好的 IP 核，开发过程更加高效省力。以下是使用 HLS 开发 FPGA 的具体流程。

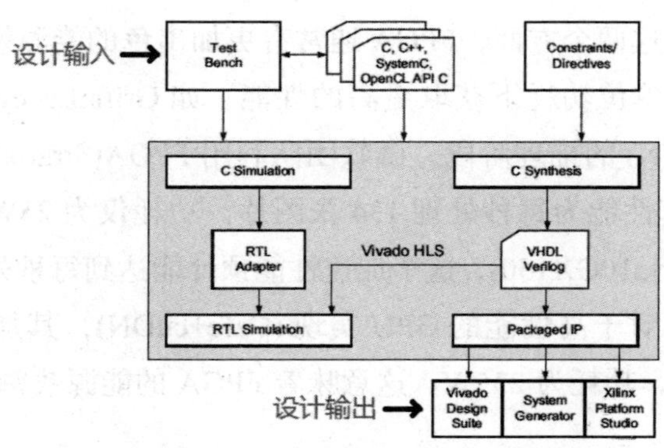

图7–20　vivado HLS的设计流程

FPGA 具有很高的灵活性和重构性，并且含有丰富的计算资源，开发周期相对较短，适合目前 SoC 开发。同时，能够充分发掘卷积神经网络模型中固有的并行特性，特别适用于加速卷积神经网络应用的计算速度。

与 GPU 及 ASIC 固定的硬件结构不同，FPGA 具有可编程性，即开发者可以根据自己的需要通过可编程的链接将 FPGA 内部的逻辑块连接起来，实现相应的功能。因此，FPGA 硬件加速器的设计也需要开发人员有一定的硬件专业知识，这对软件开发人员来说门槛较高。不过，近几年，一些公司及研究机构不断丰富 FPGA 开发环境，目前已经允许开发人员利用高级编程语言如 C、C++ 或者 OpenCL 对 FPGA 进行开发，在很大程度上降低了 FPGA 开发的难度，缩短了 FPGA 开发周期，为研究者和开发者提供了便利。

FPGA 的加速设计是硬件结构适应算法，而 GPU 加速设计是算法适应硬件结构。由于 GPU 硬件结构是固定的，在加速设计时通常需要调整深度学习算法来适应 GPU 的硬件结构、执行模型等，只有这样才能获取优异的加速性能。由于 FPGA 具有可重构性和可编程性，因此，在加速设计时通常是根据算法设计硬件结构，这种加速设计方式可以更快速地去加速快速发展的深度学习算法。

FPGA 通常有较好的能效比。为了实现可重构性，FPGA 内部有很多基于查找表的基本单元，这些基本单元的计算能力在一般情况下并不如 CPU 和 GPU 中的算术逻辑单元，同时，FPGA 片上 DSP 资源通常是有限，其中 DSP 资源主要用于浮点计算，而 GPU 内部有大量的浮点计算单元，因此，FPGA 在浮点计算能力上并不如 GPU，但是随着 FPGA 技术的快速发展，FPGA 的浮点计算能力也在快速的提升，IntelStratix10 的 3 位浮点计算吞吐量预计能达到 9.2TFLOP/s，已经接近最新 TitanXPascal GPU 所提供的峰值 32 位浮点计算吞吐量 1TFLOP/s，同时，与 GPU 相比，其功耗通常要比 GPU 低。

综合计算和功耗这两个方面，FPGA 通常有更加出色的能源效率，即在通常情况下，FPGA 能在单位功耗下获取更高的性能。如 GrifinLacey 等人指出，对于卷积神经网络 (CNN) 的推理阶段，微软团队利用 FPGA(StratixVD5) 实现了高性能的加速，其加速性能为每秒处理 134 张图片，功耗仅为 25W，并且如果使用更高端的 FPGA(Aria10GX150)，这个加速性能预计能达到每秒处理 23 张图片，而功耗基本不变；而对于高性能的 GPU 实现 (Cafe+cuDN)，其加速性能为每秒处 理 50~824 张图片，功耗为 235W。这意味着 FPGA 的能源效率能达到 GPU 的

2~3 倍，这对于某些深度学习应用，如超大型数据中心，资源有限的嵌入式应用来说尤为重要。目前，一些国内外知名公司，如亚马逊、微软、腾讯及阿里巴巴等，也逐步尝试将 FPGA 部署到数据中心中。

3. 编写 ARM 核嵌入式代码对整个系统进行调度

ZYNQ 开发板中带有两块 Cortex-A9 的核，可以跑 Linux 操作系统。我们需要编写嵌入式 C 代码来对整个系统进行调度。包括摄像头数据的采集、触摸屏 GUI 代码的编写、语音模块的驱动更重要的是通过开发板上的 AXI 总线完成 CPU 和硬件加速 FPGA 的通信。

（1）摄像头模块。

摄像头模块将采用正点原子公司生产的 ATK-OV7725-V11 模块（见图 7–21）。这是一款高性能高性价比的摄像头。采用了 OmniVision 公司生产的 0.25 英寸大小的 CMOS VGA（640×480）图像传感器：OV7725。640×480 的像素就足够支持手语识别的进行了。该摄像头通过 SCCB 总线进行控制，并且数据传输协议也比较简单，易于上手，很适合本项目。

图7–21　OV7725摄像头模块

（2）触摸屏。

触摸屏用来完成和用户的交互。我们这里采用 ATK-7‘TFTLCD-V14 模块。这是一款高性能 7 寸电容触摸屏，分辨率为 800×480，16 位真彩显示，模块自带 LCD 控制器，拥有多达 8MB 的显存，能提供 8 页的显存，并支持任意点颜色读取。模块支持 5 点同时触摸，具有非常好的操控效果。

GUI 目前需要设置两个界面，一个作为主界面，一个作为手语识别功能开启时的界面（见图 7-22 和图 7-23）。

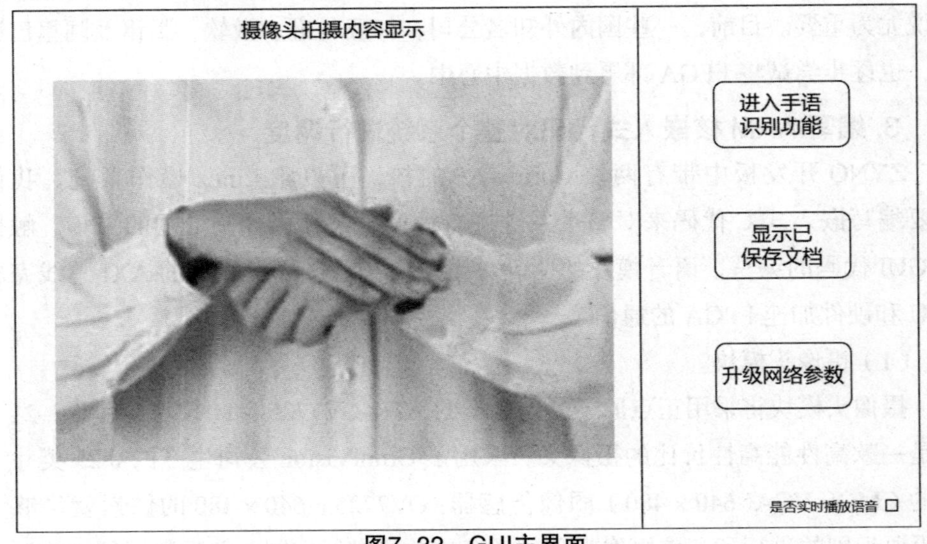

图7-22 GUI主界面

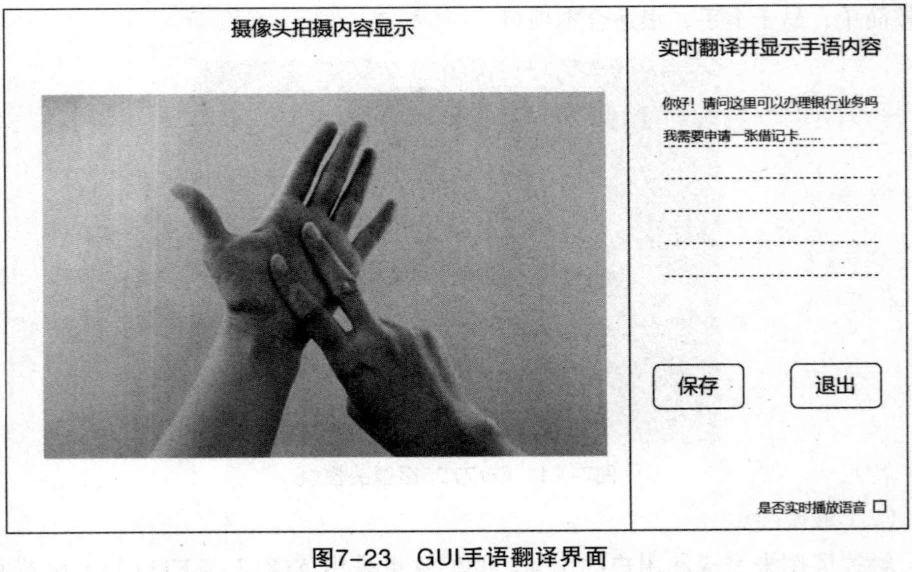

图7-23 GUI手语翻译界面

（3）语音模块。

语音模块采用科大讯飞的 XFS5152 模块。这是一款高集成度的语音合成芯片，可实现中文、英文语音合成。并集成了语音编码、解码功能，可支持用户进行录音和播放。除此之外，还创新性地集成了轻量级的语音识别功能，支持 30 个命令词的识别，并且支持用户的命令词定制需求。模块支持 UART、IIC、SPI

三种通信方式。使用起来十分方便。

4. 设计基于 RISC-V 的软核用于替代 ARM 核

RISC-V 指令集架构是 UC Berkeley 大学研发的第五代 RISC 指令集架构，旨在设计一个完全开放的、能够直接在硬件上实现的指令集架构。其指令集的一个设计理念为“避免过度体系结构化”，使其可以适用于标量、乱序、向量等各种处理器架构。RISC-V 指令集包含一个精简的基本整数指令集 (RV32I) 和若干扩展指令集，并留有用户扩展空间，同时配有相应的编译工具，因此用户可以很方便地选用自己需要的指令集，或扩展定制指令。

国内芯来科技根据 RISC-V 开发了蜂鸟 E200 处理器，该处理器被誉为 32 位的 C8051。蜂鸟 E200 系列定位是超低功耗开源处理器，专门为 IoT 领域量身定做，其具有 2 级流水线深度，功耗和性能指标均优于目前主流商用的 ARM Cortex-M 系列处理器，能够在 IoT 领域完美代替 ARM Cortex-M 处理器。

通用芯片，在完成一些特殊运算时效率总会被限制。例如 CPU 就必须包含高速缓存、分支预测、批处理、地址合并、多线程、上下文切换等通用功能。这样就导致了硬件资源的浪费，总是不能达到满意的效果。我们设计 RISC-V 软核旨在替代 ARM 处理器，针对 AXI 总线通信、摄像头数据采集等功能设定专门的指令。并且删去 ARM 核中所不必要的一些通用功能，从而达到提升速度降低功耗的目的。

实例 2　无线射频物流信息采集系统

一、项目研究背景

目前电商的快速发展，带动了物流行业的崛起。国家邮政局发布了最新调查，2020 年全年快递物流业务量突破 800 亿件，同比增长 20%，数量庞大。但也暴露出了一个事实：对于快递物流企业来说挑选、分拨以及统计计数将成为一个巨大的难题。如今快递物流企业和快递点主要靠人工以及二维码单点识别，工作量大且效率低下。因此我们团队的同学想到，如果使用无线射频技术，则可同时实现数个乃至几十、上百个 RFID 标签，极大减少了人工的工作量，提高了物流速度，一旦试行成功，将具有十分可观的市场前景。这是本项目成立的原因。

通过查阅资料我们了解到，射频标签是产品电子代码（EPC）的物理载体，附着于可跟踪的物品上，可全球流通并对其进行识别和读写。RFID（Radio Frequency Identification）技术作为构建“物联网”的关键技术近年来受到人们的关注。RFID 技术起源于英国，应用于第二次世界大战中辨别敌我飞机身份，20 世纪 60 年代开始商用。RFID 技术是一种自动识别技术，美国国防部规定 2005 年 1 月 1 日以后，所有军需物资都要使用 RFID 标签；美国食品与药品管理局（FDA）建议制药商从 2006 年起利用 RFID 跟踪常造假的药品。Walmart，Metro 零售业应用 RFID 技术等一系列行动更是推动了 RFID 在全世界的应用热潮。2000 年时，每个 RFID 标签的价格是 1 美元。许多研究者认为 RFID 标签非常昂贵，只有降低成本才能大规模应用。2005 年时，每个 RFID 标签的价格是 12 美分左右，现在超高频 RFID 的价格是 10 美分左右。RFID 要大规模应用，一方面是要降低 RFID 标签价格，另一方面要看应用 RFID 之后能否带来增值服务。欧盟统计办公室的统计数据表明，2010 年，欧盟有 3% 的公司应用 RFID 技术，应用分布在身份证件和门禁控制、供应链和库存跟踪、汽车收费、防盗、生产控制、资产管理。可以说应用非常广泛。因此将该技术移植到物流识别分派技术上是十分有必要和研究价值的。

1. 国内射频标识别系统的现状

目前 RFID 射频识别技术正在逐步被广泛应用于工业自动化、商业自动化、交通运输控制管理等众多的领域。各国政府、零售业巨头、IT 业著名厂商给予高度关注，并且大力支持甚至给予巨大的投入，全面推动 RFID 电子标签产业快速发展。由于发达的国家 RFID 电子标签工作开展得较早，所以在标准、技术、产业链及应用方面都已经比较完备，并且仍在发展中。发达的国家在核心技术尤其是在芯片技术上目前已经提供了相对完备的产品线，并且由于技术进步和 RFID 电子标签工艺的提升，以及成本的降低，应用推广进入了良性循环。

但是国内的射频识别技术并不完善，标签的安全问题依然是一个比较棘手的问题。RFID 电子标签采用许多的复杂而又有细微差别的安全技术是有相当难度的，但是解决公众对隐私和安全性方面的疑虑是 RFID 电子标签生产商必须解决的问题。特别是在重要领域的 RFID 电子标签应用推广中，RFID 电子标签不仅需要有很高的加密等级技术，而且应用密码方案能否自主掌握，将对国家安全和社会生活有很大的影响。

2. 尚缺少的条件及方法

（1）多标签同时读取问题。

（2）堆积货物中标签反射电磁波能量较弱，无法被阅读器识别，从而导致标签被漏读。

（3）射频标签成本过高，不适应大规模应用等问题。如何在保证效率和准确率的情况下降低成本将成为我们研究中重点解决的问题。

二、项目研究目标及主要内容

1. 项目研究目标

针对传统物流系统效率低、错误率高、人工成本高、工作繁复等问题，本项目旨在设计出一套无线射频物流信息采集系统能够实现以下目标：

（1）RFID 天线和标签纸之间实现一对多以及多对多通信。

（2）可控制电磁波传播方向实现对定点物流货物的精确识别，抗干扰能力强。

（3）用户下达指令无明显延迟，数据交换精确、流畅、效率高。

（4）拥有独立的数据库，可处理解析复杂繁多的标签数据，进行分拨统计。

（5）上位机与人机交互界面友好，用户体验佳。

并着重致力于解决下列问题：

（1）RFID 天线通信模式以及通信频段的选取。

（2）如何实现天线之间以及天线与标签纸之间的通信。

（3）如何控制电磁波“定向”或“定域”传播，以屏蔽外界 RFID 标签的干扰。

（4）如何降低或消除因数据量庞大导致的冲突问题。

2. 主要内容

本项目将关注射频识别系统在物流方面的应用，对于上述目标和问题，将从以下方面着手来进行研究。

（1）算法设计。

利用更加高效适用的防冲突算法，确保同一射频天线可以进行多标签的识别。在 RFID 系统中，如果有两个或两个以上的电子标签同时向读写器发送数据，则会出现通信冲突或数据相互干扰，若不能正确识别电子标签的数据包，系统就会产生错误。为解决多个标签同时与阅读器交换数据所引起的碰撞问题，必须采用一定的防冲突算法，标签防碰撞技术是 RFID 系统中的关键技术。在对现有 ALOHA Bit-Slot 算法分析的基础上提出的一种改进的时隙 ALOHA RNS 算法。该算法改变 Bit-Slot 算法中标签数据回传方式，减少标签与读卡器的数据传输量，缩短识别时间。本团队也会在现有防冲突算法上谋求改进，力求高效实用。

（2）综合宽窄波束优点开发。

利用射频天线的宽窄波束在增益上的不同，宽波束可以保证区域内的标签在识别范围内，窄波束可以提供较高的天线增益，从而确保堆积货物内部的标签也被读取，涉及工作原理如图 7–24 所示。

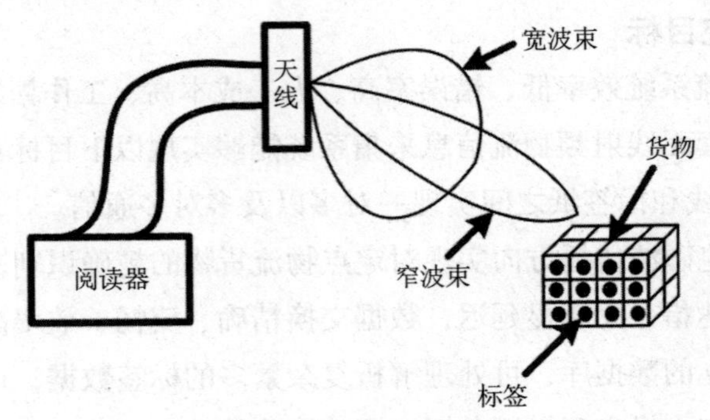

图7–24　宽窄波束工作原理图

（3）更低成本的项目。

开发低成本的射频标签，降低其应用成本，为其大规模应用扫清障碍。目前能够降低射频标签成本的技术包括改变标签纸内部的数据，使标签纸可以重复使用，从而降低成本；读写器自主研发，使用成本更低的芯片。本团队将从这几个方向入手，在最大程度上降低成本，提高项目质量。

（4）更加高效低成本的网络通信协议。

采用 MQTT(消息队列遥测传输)通信机制进行网络通信。它工作在 TCP/IP 协议族上，是为硬件性能低下的远程设备以及网络状况糟糕的情况下而设计的发布 / 订阅型消息协议，为此，它需要一个消息中间件。MQTT 协议轻量、简单、开放和易于实现，这些特点使它适用范围非常广泛。在很多情况下，包括受限的环境中，如：机器与机器（M2M）通信和物联网（IoT）。其在通过卫星链路通信传感器、偶尔拨号的医疗设备、智能家居及一些小型化设备中已广泛使用。

（5）方便用户的上位机设计。

为方便用户操作和便于实时性操作，本系统将围绕功能开发轻量型 APP 和小程序，并针对部分后台型数据统计开发网站。

三、项目创新特色概述

1. 快速扫描

相较于条形码一次只能有一个条形码受到扫描，RFID 辨别器可同时辨识读取数个 RFID 标签。

2. 体积小型化，形状多样化

RFID 在读取上并不受尺寸大小与形状限制，不需要为了读取精确度而配合纸张的固定尺寸和印刷品质。此外，RFID 标签更可往小型化与多样形态发展，以应用于不同产品。

3. 抗污能力和耐久性

传统条形码的载体是纸张，因此容易受到污染，但 RFID 对水、油和化学药品等物质有很强抵抗性。此外，由于条形码是附于塑料袋或外包装纸箱上，所以特别容易受到折损；RFID 卷标是将数据存在芯片中，因此可以免受污损。

4. 可重复使用

现如今的条形码印刷上之后就无法更改，RFID 标签则可以重复地新增修改，删除 RFID 卷标内储存的数据，方便信息的更新。

5. 穿透性和无屏障阅读

在被覆盖的情况下，RFID 能够穿透纸张。木材和塑料等非金属或非透明的材质，并能够进行穿透性通信。而条形码扫描机必须在近距离而且没有物体阻挡的情况下，才可以辨读条形码。

6. 数据记忆量大

一维条形码的容量是 50Bytes，二维条形码的最大容量可储存至 2 ~ 3000 字符，RFID 的最大容量则有数 MegaBytes。随着记忆载体的发展，数据容量也有不断扩大的趋势。未来物品所需携带的资料量会越来越大，对卷标所能扩充的需求也相应增加。

7. 安全性

由于 RFID 承载的是电子式信息，其数据内容可经由密码保护，使其内容不易被伪造及变造。

四、项目研究技术路线

本项目拟定开发一套基于无线射频技术能同时读取多个射频标签纸信息的物流信息采集系统，能够大大节省人工资源，提高效率。

1. 系统的组成

（1）RFID 标签纸，用于接收电磁波返回货物信息。

（2）通信天线，用于发射和接收电磁波驱动RFID标签纸和接收标签纸返回的电磁波信息，以及与交换机进行信息传递。

（3）交换机设备，用于接收上位机指令驱动通信天线和接收天线返回的数据。

（4）上位机与用户交互界面，用于数据可视化及用户交互。

2. 系统的工作模式

用户通过点击用户交互界面的功能按钮发送指令给交换机设备，交换机设备接收并解码指令完成系统的初始化配置，之后驱动通信天线发射特定频率和数据的电磁波。RFID标签纸会接收天线发出的射频信号，凭借感应电流所获得的能量发出储存在新片中的产品信息（以特定频率电磁波），天线接收返回的信息发送到交换机进行解码并送至中央信息系统进行有关数据处理，之后交换机将处理的信息发送至上位机的用户交互界面。流程图如图7–25所示。

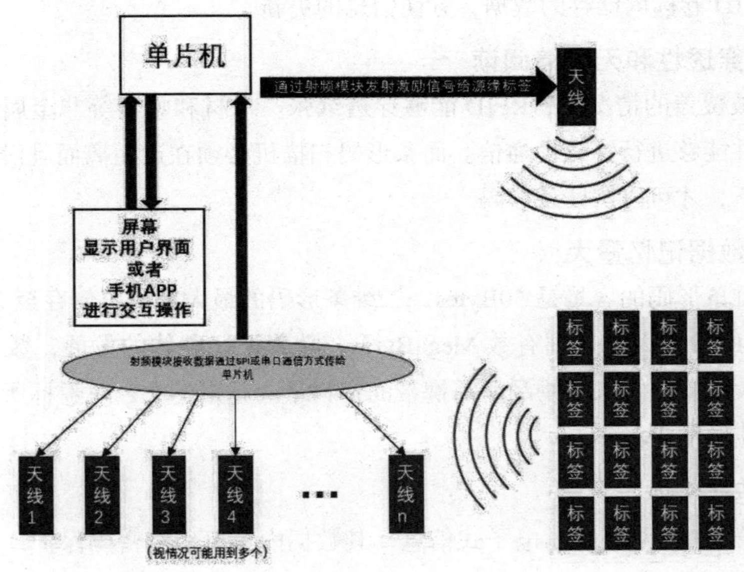

图7–25　无线射频信息采集系统工作流程

3. 系统的技术特点

（1）无线射频天线要与标签纸之间实现一对多以及多对多通信，要选取好通信模式以及通信频段。

（2）通过信号屏蔽等手段控制电磁波“定向”或“定域”传播，以屏蔽外界RFID标签纸的干扰。

（3）拥有独立的数据库，可处理复杂繁多的标签数据，降低或消除因数据庞大而导致的冲突问题，能够精确地分拨统计。

（4）上位机契合度高，整个系统指令下速度快，无明显延迟，便于用户操作。

第三节　浙江省大学生科技创新活动实践

实例 1　基于毫米波雷达的室内人员定位和跌倒检测

一、项目研究目的

在无人监护领域，比如跌倒检测，市场常见解决方案为可穿戴设备或摄像头监控。可穿戴设备易遗忘佩戴，且一定程度上增加不适感，特殊场合下如洗浴或睡眠时不利于用户生活，影响用户体验；监控摄像头难以保护用户隐私，特殊场合如厕所不利于使用，但因厕所湿滑的环境，更易发生跌倒事故，这是此方案的一大漏洞。毫米波雷达设备检测精度高，受环境影响小，且很好地保护用户隐私，具有明显优势。

毫米波雷达是一种具有高频带、窄波束、高抗干扰的雷达系统。除雷达本身具有的全天时全天候的优点之外，毫米波雷达在目标成像和目标识别等方面有着良好的特性。由于毫米波雷达具有高距离分辨的特性，它能对体积分布较小的目标进行识别和探测。毫米波雷达技术最初应用于军用雷达领域，用于光电制导等场合。近年来，随着雷达技术的飞速发展，毫米波雷达在民用雷达领域也渐渐占有一席之地。

多通道雷达系统，如多发多收雷达（MIMO 雷达）、单发多收雷达（SIMO 雷达），是采用多个天线对目标所处环境进行探测，并对多个天线所接收的回波数据通过相应信号处理算法进行综合处理，从而获取目标位置、状态等信息的一种雷达体制。多通道雷达系统在对目标进行探测时，其天线摆放位置具有多样性，从而对目标进行多角度、全方位的照射，进一步获取目标更为全面的状态信息。

毫米波雷达与多通道雷达系统的结合，综合了两者的上述优点。多通道毫米波雷达可以广泛应用于现代生活中，因此，在多通道毫米波雷达系统的基础上，研究人体目标各项参数的探测算法是非常有应用价值的。结合毫米波雷达的无距离盲区、高距离分辨、低发射功率等多项优点，基于多通道毫米波雷达的人体检测定位技术具有如下优势：首先，该技术不受光照条件限制，在黑暗、昏暗、晴朗等任何光照条件下，性能保持稳定；其次，可实时精确感知运动人体随时间变化的运动轨迹；最后，多通道毫米波雷达技术还具有集成度高和成本低等优点，便于广泛应用。

二、项目主要内容

近年来，随着5G通信技术的发展，由5G衍生的各项技术研究成果逐步进入商用领域。根据3GPP 38.101协议的规定，5G NR（New Radio，新空口）主要使用的两段频率为FR1频段和FR2频段，其中FR2频段即为毫米波频段。毫米波作为5G的核心技术，一直以高带宽、高速率、穿透能力强而备受研究人员瞩目。FCC（Federal Communications Commission，美国联邦通信委员会）早在2015年就规划了四个频段作为5G的主推频段。毫米波雷达技术自20世纪发展到今天，已经逐渐步向成熟。伴随着集成电路芯片技术的突破，将毫米波雷达引入到车辆领域发展而来的车载毫米波雷达也取得了一定的进步。相较于其他类型雷达（如激光雷达、超声波雷达），毫米波雷达对周围无线环境具有更高的适应度，同时也能够满足更高的精度要求。此外，毫米波雷达还拥有尺寸小、结构简单轻便等优势。目前，TI（Texas Instruments，德州仪器公司）已研制用于车载雷达的毫米波CMOS单芯片传感器，其将射频前端与DSP（Digital Signal Processing，数字信号处理）、MCU（Micro Controller Unit，微控制单元）集成在一起，在减小尺寸的同时明显提升数据处理速度与精度。

1. 主要内容

毫米波雷达的发射波具有多种类别选择，其中包括连续波和脉冲波形。对脉冲波形毫米波雷达而言，其发射的高频脉信号传输速度极快，使得接收机系统接收信号的时间间隔极短。这对系统信号处理速度提出了很高的要求，同样也对硬件设备的规格有一定的规定。因此脉冲毫米波雷达的实际应用通常受到一定限制。与脉冲毫米波雷达不同，毫米波连续波雷达发射一系列已调连续信号，易于调制，在车载毫米波雷达中应用最为广泛，最常用的发射波为线性调频连续波。

（1）目标距离和速度估计。

毫米波连续波雷达通过发射机发送调频连续波信号，信号经目标反射得到回波，该回波被接收机接收并与发送信号进行混频滤波处理变为差拍信号，即中频信号。对该中频信号的信号强度以及相位信息进行分析可以实现对目标的距离以及速度的检测。其信号处理结构框图如图7–26所示。

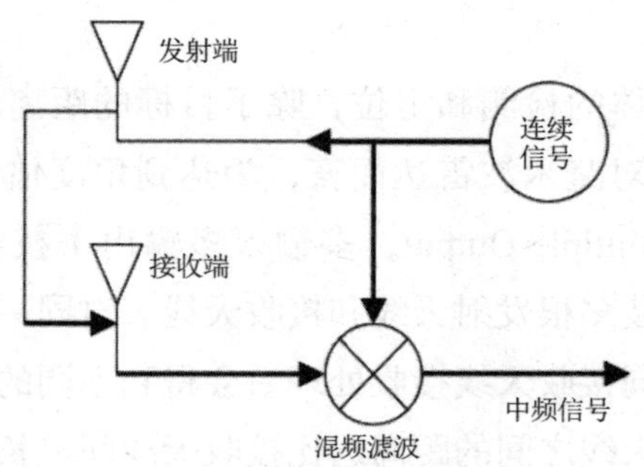

图7-26　毫米波雷达收发信号处理框图

发射信号经处理后，得到的中频信号中包含目标的距离以及速度信息。对于传统的周期性的连续调频波信号，其经发射端发射，在传播过程中经过目标物体并反射，被接收端接收。最终输出的中频信号形式为 $X(t,l)$，t 表示某周期内信号持续的时间，l 代表接收到的中频信号所处周期段。

对于所得到的输出中频信号，其相位中包含目标的距离及速度信息。离散后的中频信号可分为快时间维度和慢时间维度，即距离维度和多普勒维度。此时，对该信号矩阵使用二维傅立叶变换可以得到 RDM（Range Doppler Map，距离多普勒图）。对于所得 RDM，采用 CFAR（Constant False-Alarm Rate，恒虚警率）算法可筛选出真实目标的距离和速度。目标距离和速度检测流程具体如图 7-27 所示。

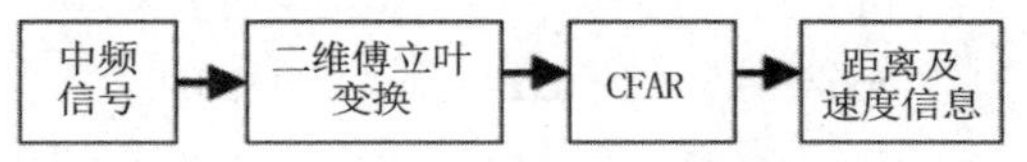

图7-27　目标距离及速度检测流程图

目标距离检测和多普勒图实验效果如图 7-28、图 7-29 所示。

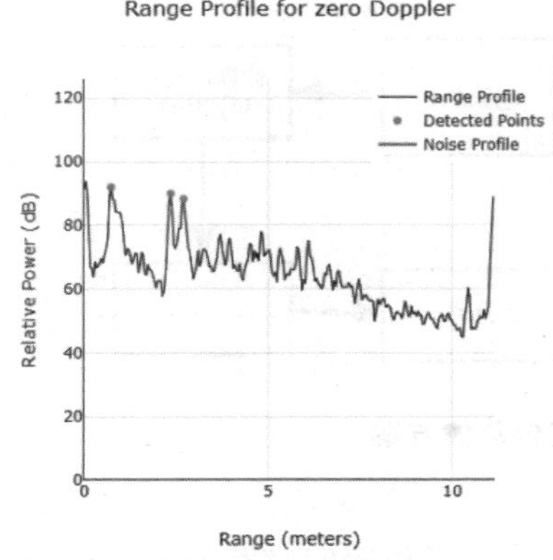

图7-28　距离检测实验效果图

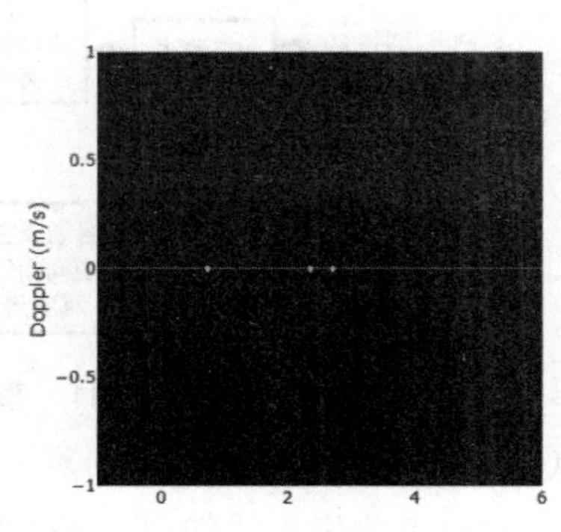

图7-29　多普勒图实验效果图

（2）目标方位估计。

为了实现对目标物体的检测和定位，除了目标的距离和速度信息，还要求了解目标的方位信息。对毫米波雷达而言，为达到角度估计的目的，通常采用MIMO（Multiple-Input Multiple-Output，多输入多输出）技术，即在毫米波雷达发射端和接收端同时安装多根发射天线和接收天线。对同一发射天线而言，其发射信号经目标反射被不同接收天线接收处理后会得到不同的接收信号。在远场条件下，由于目标与接收天线之间的距离远比接收天线间隔长，反射信号可假设为平行直射入接收天线，因而不同接收天线之间的接收信号幅度基本不变，而仅存在由于波程差而引起的相位差。该相位差中包含目标的方位角度信息，其示意图如图 7–30 所示，其中，d 表示接收天线之间的间隔，θ 表示目标与接收天线的相对方位角。因而，在远场条件下对接收信号向量采用一维傅里叶变换可以得到目标的方位角信息。

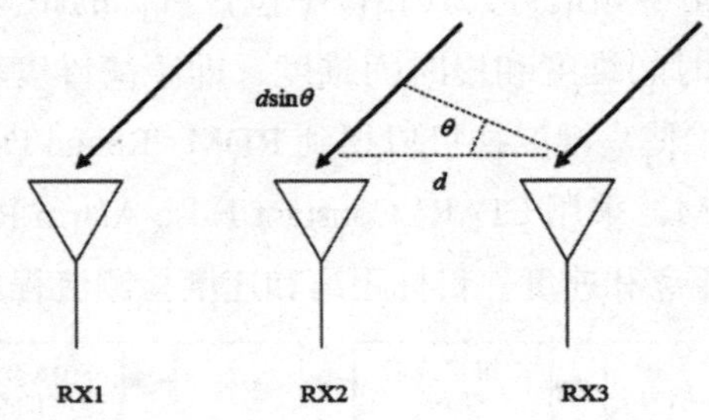

图7–30　接收天线波程差示意图

以上为毫米波雷达定位原理大致描述，具体方案实施还包含背景去噪、目标凝聚等算法，总体方案如图 7–31 所示。

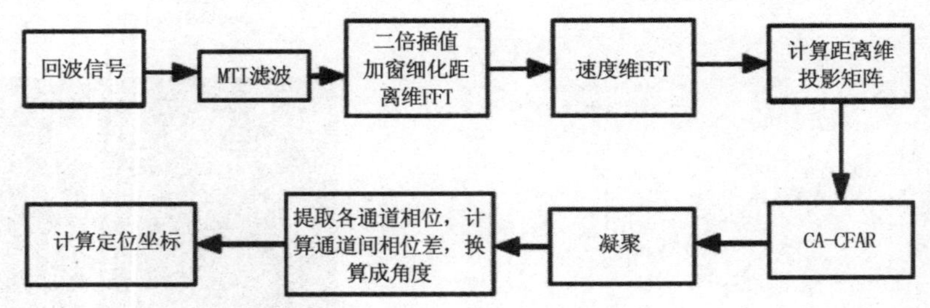

图7–31　毫米波雷达定位总体方案

（3）跌倒检测。

通过改变收发天线朝向，采用类似收发天线水平放置时解算目标方位角的方法，将天线方向改为垂直放置，解算目标俯仰角，获取目标高度信息。设置高度动态变化门限，检测高度变化率与阈值的关系，判断是否发生跌倒事故。

2. 技术水平

雷达接收到的原始信号是许多杂乱无章的点，雷达工程师需要将大量孤立的探测点进行分类和集合（哪些探测点是静止目标、哪些是来自同一个目标人体等），滤除干扰点或无关目标，推测外界环境中的物体、人体位置等重要信息，不断提高这部分算法的可靠性和准确性是难点所在，需要大量的思考、设计、仿真和测试验证来持续改进。

算法设计从理论角度需要数字信号处理、雷达信号处理、雷达原理、应用概率论、随机过程、数学建模等多学科知识作为坚实基础，还需灵活的动手能力将算法转化为代码进行仿真、实践，对开发人员理论基础及实践能力都提出了较高要求。

本项目采用基于FMCW雷达技术的集成单片mmWave传感器IWR6843AOPEVM，如图7-32所示，其可在60GHz到64GHz频段工作。它采用低功耗45nm RFCMOS工艺制造的，能够在一个非常小的体积下实现高集成度，是工业领域低功耗、自我监控、超精确雷达系统的理想解决方案。

图7-32　IWR6843AOPEVM毫米波雷达模块

近年5G技术迅猛发展，毫米波作为5G的核心技术，一直以高带宽、高速率、穿透能力强而备受研究人员瞩目，同时因5G的高速和巨大的数据吞吐量，设备集成度高体型小，基站易于安装分布极广，也促使IoT领域蓬勃发展，而自动驾驶作为迎合AI和IoT发展创造的新需求，带动毫米波雷达技术重新在市场上大放光彩。当前毫米波雷达广泛应用于无人驾驶领域，用于探测道路路况，但其在目标检测、定位、跟踪、识别等方向也发挥着巨大作用。

其在无人监护领域可对室内人体目标进行运动参数检测、微动参数检测实现智能家居护理；在智能驾驶领域，可辅助实现倒车入库和智能避障，以及行人车辆进行检测定位。同时因其定位距离长，定位精度高，在建筑施工、地下矿井或隧道、石油化工等危险性较高领域可以达到对现场作业人员进行险情预警以及方便援救逃生等目的。

3. 项目解决的关键问题

（1）减少背景杂波干扰，提高目标物体识别率。

（2）LFMCW 参数设置以折中雷达目标性能与实际硬件条件。

（3）单一线性调频方式产生距离—速度耦合现象，导致测量误差增大，雷达性能降低。

（4）算法复杂度较高，实时性较差。

4. 项目的社会效益

毫米波雷达定位距离长，定位精度高，在建筑施工、地下矿井或隧道、石油化工等危险性较高领域可以达到对现场作业人员进行险情预警以及方便援救逃生等目的，在公安、司法领域或监狱内，对犯人进行 24h 位置监控和自动跟踪，随时掌握每个犯人的位置及活动轨迹、全监狱人员的位置分布，使监管工作智能化提升立体防控能力，快速响应突发事件。

跌倒检测方面，由于老年人的身体状态进入到衰老期，身体的运动能力会大大降低，当老年人突然跌倒时，若不能得到及时救助，极易引发一系列并发症，如骨折、软组织挫伤、心脏震荡、脑血栓、心理创伤等。据统计，意外跌倒占老年人死亡原因的 25%。毫米波雷达方案较可穿戴设备舒适性更高，不影响用户日常生活，较视频图像处理方案不侵入用户个人隐私，具有明显优势。

实例 2　基于树莓派的无人机光流定位系统研究

一、引言

随着互联网技术的快速发展，与计算机视觉相关的视频图像处理技术也在人们的日常生活中吸引了越来越多的关注。其中，无人机光流定位技术是人们的重点发展方向之一，无人机光流定位技术是指无人机通过摄像头等设备来捕捉目标物体的运动轨迹，采集相关的图像信息，再经过合适的图像处理来完成对应的视觉作业。

近年来，因为无人机（UAV）具有低成本、微体积、高灵活度等优势，所以在人们的日常生活以及军事工业等领域，无人机发挥的作用越来越大。与之对应的无人机定位技术也随后成为越来越多研究学者的重点科研发展方向。在过去，无人机定位主要依赖于 INS（惯性导航系统）和 GPS（全球定位系统）。但是，因为 GPS 定位对于周围的环境条件较为苛刻，受环境信号的因素影响较大，例如在室内、树林、巷道等信号微弱的近地面环境，GPS 信号会产生噪声，容易导致定位产生偏差，得不到准确的位置信息。所以，为了更好地控制无人机的运动轨迹和位置信息，光流定位技术引起了越来越多人的重视，在目标检测、跟踪识别、运动估计等计算机视觉与图像处理领域发挥了极其重要的作用。

最早提出光流分析方法的研究人员是 Gibson，他提出通过分析计算光流矢量的方法来得到物体运动的图像信息这一想法。目前，常见的光流模型主要是分为四大类，分别是基于梯度的、基于区域的、基于能量的和基于相位的四种模型，与之对应的常见的几种光流算法有：Horn-Schunck 全局光流算法、Lukas-Kanade 局部平滑光流算法、BM 块匹配光流算法和 PryLK 金字塔光流算法。随着光流技术在日常生活中的不断应用，许多专家学者也开始针对光流算法的改进及优化进行不断的研究与发展。

关于光流算法的来源，最早是在 1950 年由 Gibson 为首的多名研究人员以实验为前提，提出从只有长和宽的二度空间的光流场可以过渡表现出由长、宽、高形成的三维空间的假设而来。之后，在 20 世纪 80 年代，研究学者 Horn 和 Schunck 认为平面空间上的速度场与灰度数字图像相关，根据图像的梯度信息和相邻两帧图像之间的时间信息，在光流约束方程中加入平滑约束项，提出了计算稠密光流的 Horn-Schunck (HS) 光流算法，该算法是基于假设灰度守恒的前提，即假设光流场的亮度变化十分缓慢，并且目标物体运动的相邻像素之间具有相似的光流矢量，在全局平滑约束条件下求得全局能量泛函的最优化，从而得到光流。虽然 HS 光流算法可以计算估计大范围内目标物体的光流矢量，然而，因为该算法在计算过程中需要消耗大量资源，并且处理运算的时间也比较长，所以在实际生活中没有得到广泛的应用。后来，又有 Lucas 和 Kanade 等人基于假设光流矢量在小领域中保持不变，通过加权最小二乘法来计算光流，提出了计算局部光流的 LK 光流算法。虽然 LK 算法在一定程度上减小了资源的消耗以及缩短了运行的时长，但还是因为小位移的前提条件，很难实现在日常生活中的广泛应用。随后，越来越多的研究人员在 HS 光流法和 LK 光流法的基础上，不断针对两种方法的优缺点和光流计算过程中的不同问题，提出多种改进方法来优化光流算法，不断发展光流定位技术。目前，光流技术在计算机运动图像视觉和图像分析处理等方面具有越来越重大的影响力。

光流技术是现在分析处理目标物体运动图像信息的重要技术之一。在由 Gibson 提出的光流这一观点中，光流法是指通过认识运动图像的连续变化来获取目标物体所处的位置信息。当一个目标物体移动时，它在图像上的运动轨迹会受光流的影响而发生对应的图像变化，而这些图像变化的信息反过来可以表现目标物体的运动信息，再通过图像处理，进一步确定目标物体的运动轨迹。根据光流的定义，人们引申出了光流场，从二维的速度矢量延伸到三维的速度矢量。因此，这样的光流场不仅表现了运动物体的基本位置信息，还表现了物体运动时周围场景的结构。经过多年来国内外科研人员对光流算法理论的研究分析，目前与光流相关的知识体系相对完善。现在光流算法的主要研究方向可以分为两大类，第一种是依赖于全局稠密的光流计算思想，代表算法模型为 HS 光流算法；第二种是依赖于局部稀疏的光流计算思想，代表算法模型为 LK 光流算法。一直以来，研究人员都是主要通过对两种算法的改进、结合以及优化，进而使 HS、LK 光流法的计算精度和速度同时有所提高。

二、光流定位系统概述

1. 光流定位系统组成

基于树莓派的无人机光流定位系统的工作原理是，通过树莓派 4 的核心处理器实现对光流算法的运行，系统模块包括树莓派 4 主控模块、摄像头采集图像模块、光流算法模块、显示器模块、无人机飞控模块和 GPS 模块。如图 7-33 所示，首先将摄像头和树莓派 4 等相关外部元件搭载在无人机上。然后系统开始工作时，摄像头模块捕捉目标物体的运动轨迹，将采集到的运动图像信息传输到树莓派 4 的核心处理器中，通过所设计的光流算法来进行相应的图像处理，最后将计算后的图像信息传输到显示器模块，显示屏幕会将算法程序运算过后的处理结果以高清的画面展现出来，具体表现在无人机的飞行过程以及运动经过的周围场景信息，达到无人机通过光流技术进行实时定位的效果。

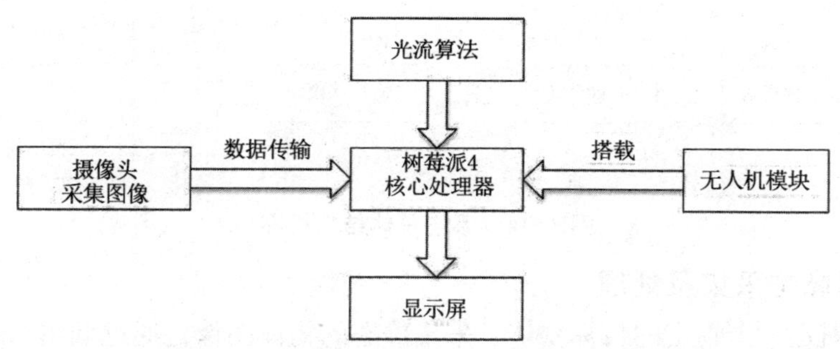

图7–33　基于树莓派的无人机光流定位系统原理图

2. 系统设计方案思路

本次设计是基于树莓派 4 为开发环境对光流算法进行设计优化，从而实现无人机的光流定位功能。整体系统设计是由树莓派 4 开发平台模块、摄像头采集图像模块、光流算法模块、传输信号模块、显示器模块、无人机飞行控制模块组成。系统开始工作时，无人机搭载好树莓派 4 和摄像头等外部元件来进行飞控，预先设定在室内或者信号微弱等近地面区域内飞行，然后通过摄像头捕捉目标物体的运动轨迹，再将数据传输到核心处理器中，利用所设计的光流算法进行相应的数字图像处理，随后再将处理后的数据信息反馈到显示器模块中，根据定位的效果和算法运行的性能来优化改进光流算法，最后实现无人机光流定位。

三、系统总体设计

基于树莓派的无人机光流定位系统是以围绕 BCM2711 SoC 为核心的树莓派 4 开发平台为前提，通过光流算法实现无人机进行室内实时定位的系统。它的工作原理是经过 500 万像素的摄像头捕捉采集目标物体的运动图像，再将图像信息传输到树莓派 4 的核心处理器中，处理器通过改进优化后的光流算法来处理运算图像数据，再将反馈回来的数据传输到高清显示屏中，以清晰的画面图像来表现描述目标物体的运动轨迹和位置信息，根据算法运行后的效果来不断改进调整光流算法。优化算法后再将其他外部元件搭载到无人机的飞行控制模块中，完成整体硬件设计来进行软硬联调，通过无人机的运动轨迹来反映无人机运动过程中所处的周围场景，从而达到无人机的实时光流定位。

基于树莓派的无人机光流定位系统的组成框图如图 7–34 所示。该系统包括五个部分：摄像头图像采集模块、树莓派 4 核心处理器模块、光流算法模块、显示器模块、无人机飞行模块。

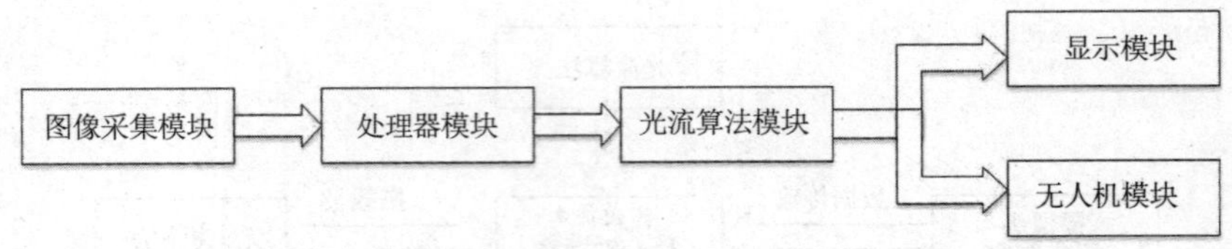

图7–34　系统总体结构框图

1. 图像的采集及处理

首先固定一个指定的目标物体，采集静态的物体图像，通过调用 Open Cv 库的相关图像处理语句，实现灰度图的转换，之后再对灰度图进行图像信息处理运算，进一步测试光流算法对静止物体是否会产生定位偏差。测试成功后（即光流算法不会对静止物体产生位移），再指定一个目标物体进行相应的运动，采集动态的物体图像，同样进行图像信息处理后，测试光流算法对运动物体的运动轨迹是否产生定位误差。如果光流算法会对运动的目标物体描述其运动轨迹并表现其运动周围的位置信息，那么该算法测试成功。

2. 树莓派平台

采用围绕 BCM2711 构建的树莓派 4 作为算法实现的核心处理器，以 5 V 3A 的外部电源通过 USB-C 口输入供电，然后高速处理算法模块。图 7–35 显示树莓派 4 开发板的基本分布。

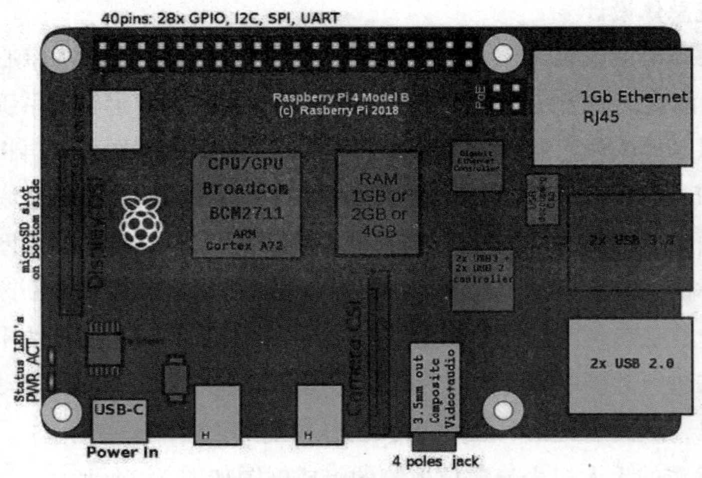

图7–35　树莓派4的原理图

3. 光流算法

首先查找文献资料，分析比较 HS 算法、LK 算法和块匹配算法的联系和区别。然后在实际设计算法时，主要是通过两种方法进行研究：一种是依赖于 LK 算法的基础计算局部稀疏的光流矢量，一种是依赖于 HS 算法的基础计算全局稠密的光流矢量。经过实际效果的对比，Gunnar Farneback 算法相对而言更加适合运动物体来进行光流定位。Gunnar Farneback 算法是以 HS 算法为前提，主要计算稠密光流的算法，其算法核心语句是 OpenCV 库中 calcOptical FlowFarneback() 的语句。

4. 显示模块

树莓派 4 开发环境支持双显示器，而且屏幕显示高达 4K 分辨率，本次系统设计的显示器模块选择使用高清显示器。在树莓派 4 外接元器件时，连接高清显示屏。屏幕正常工作时可以显示树莓派 4 的环境桌面，运行算法程序时屏幕窗口可以高清呈现目标物体的运动轨迹和位置信息。

5. 无人机模块

无论是军事工业的项目任务还是大家日常生活中的作业需求，无人机都提供了极其重要的支持和帮助，无人机技术也随着时代的进步快速发展。目前，大部分科研人员和无人机爱好者都会选择四旋翼无人机作为研究对象或者日常作业项目。本次毕业设计的无人机模块同样选择具有体积小、灵敏度高等优点的四旋翼无人机。在研究光流定位系统时，首先将摄像头和树莓派 4 等元器件搭载到四旋翼无人机上，完成好硬件连接后，开始运行算法程序。然后设定无人机在室内的预定范围中进行飞行运动，通过显示屏画面来观察无人机的飞行轨迹以及周围场景的变化。

设计主要分为两个部分：硬件部分和软件部分。其中硬件部分是以树莓派 4 开发板为核心处理器的系统，外加四旋翼无人机的飞控模块、摄像头采集图像模块和高清显示屏模块，在第四章硬件设计中对系统电路的各个模块以及原理有详细的论述。软件部分是采用适用于树莓派 4 开发板的 python 程序设计语言编写，调用了部分 OpenCv 库函数，在第五章的软件设计中对系统程序的总体设计以及系统各个模块主要程序的功能有详细的介绍，并在附录中有详细的代码以及功能的介绍。

四、硬件设计

1. 处理器设计

树莓派最初是由英国一个慈善机构开发的，其中那个项目的负责人是艾德·厄普顿。后来，英国剑桥大学的埃本·阿普顿正式推出了世界上最小的台式电脑。它虽然只有卡片的尺寸，但是已经具备了电脑的基本功能，这就是最开始的树莓派电脑板。从此之后，越来越多的科研人员和树莓派爱好者开始了对树莓派系列的研究工作，树莓派也在人们的日常生活中发挥越来越重要的作用。

到目前为止，树莓派相关系列已经开发出许多产品。其中，树莓派 4 代（又称 Raspberry Pi 4）是树莓派相关系列的一次全方位升级，一方面是树莓派 4 拥有了类似于 PC 级别的系统性能，可以高速运算处理数据信息，另一方面也保留了传统经典的树莓派系列的接口功能，可以满足多种元器件的外部连接。因此，本次毕业设计选择树莓派 4 作为硬件设计主要平台。图 7–36 是树莓派 4 的开发板结构图。

（1）树莓派 4 的主要技术参数。

1.5GHz 4 核心 64 位 ARM Cortex-A72 CPU (与上一代相比性能提升 3 倍)。

1GB/2GB/4GB LPDDR4 SDRAM 内存。

全吞吐量千兆以太网。

双频 802.11ac 无线网络。

蓝牙 5.0。

两个 USB3.0 和两个 USB2.0 接口。

双显示器支持，分辨率高达 4K。

Video Core VI 显卡，支持 OpenGL ES 3.x。

HEVC 视频 4Kp60 硬解码。

完全兼容早期的树莓派产品。

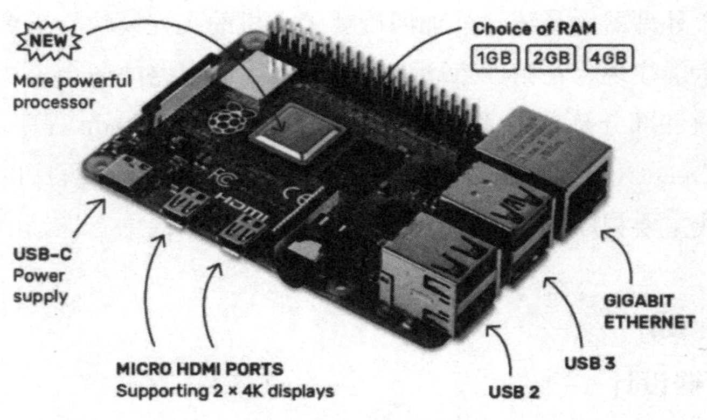

图7–36　树莓派4开发板结构图

（2）树莓派 4 扩展接口电路（如图 7–37 所示）。

通用输入 / 输出接口 GPIO。类似于安卓系统的数字或模拟端口，可以将它们配置为读或写。通过这些接口，可以让树莓派和不同的模块器件进行交互，例如按钮、电位器、蜂鸣器等。在实际使用中，树莓派接口有三种命名形式 :WiringPi 编号、BCM 编号、物理编号。WiringPi 编号是功能接线的引脚号（如 TXD、PWM0 等）；BCM 编号是 Broadcom 针脚号，通常称为 GPIO ；物理编号是 PCB 板上针脚的物理位置对应的编号（1~40）。

电源和接地。电源和接地引脚用于外部电路供电。标准 40 针 GPIO 版本的树莓派都有两个 5V 引脚和两个 3.3V 引脚，而且均在同一个物理位置。除此之外，树莓派还有 8 个接地引脚。电源和接地脚可以让树莓派给一些外部元件供电。

I_2C 接口。树莓派系统通过 I_2C 接口可控制多个传感器和组件，而外接元件之间通过 SDA(数据引脚) 和 SCL(时钟速度引脚) 来完成相互通信。每个从设备都有一个唯一的地址，允许与许多设备间快速通信。

SPI 接口。SPI 是串行外设接口，用于控制具有主从关系的组件，采用从进主出和主进从出的方式工作，树莓派上 SPI 由 SCLK、MOSI、MISO 接口组成，SCLK 用于控制数据速度，MOSI 将数据从树莓派发送到所连接的设备，而 MISO 则相反。

UART 接口。通用异步收 / 发器接口用于将 Arduino 连接到为其编程的计算机上，也用于其他设备与 RX 和 TX 引脚之间的通信。如果树莓派在 raspi-config 中启用了串口终端，则可以使用这些引脚通过电脑来控制树莓派，也可以直接用于控制安卓系统。

PWM 接口。在树莓派上，所有的引脚都可以实现软件 PWM，而 GPIO12、GPIO13、GPIO18、GPIO19 可以实现硬件脉宽调制。

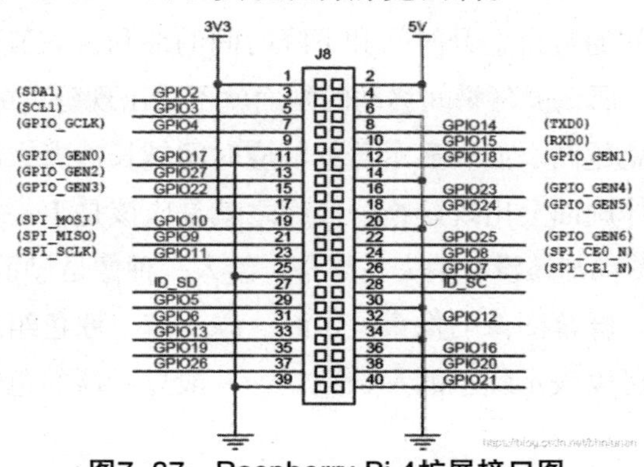

图7–37　Raspberry Pi 4扩展接口图

2. 液晶显示器

1968 年，在 RCA 的 sarnoff 研发中心，科研工作者们发现液晶分子会因为电压的影响，改变它们自身内部结构的排列次序，还会出现偏转入射光的情况。根据这一现象，RCA 公司发明了世界第一台使用液晶显示的屏幕。在接下来的几年里，液晶显示技术引起了越来越多研究学者的重视，逐渐在商业、民用以及军事等领域得到了广泛的应用。基本参数介绍如下：

（1）像素。就像目前表现物质形式的最小单位是夸克一样，在表示数字图像形式中的最小单位被称之为像素。对于像素最直观的体验就是屏幕画面清晰度或者说是画质，对于同样尺寸大小的显示器而言，像素越高的意味着这个屏幕画质更加高清，图像细节会处理得更加细腻，换言之，像素越低的观看体验感会越糟糕。因此，大部分人在选购显示器时，在可以选择的范围内都会选择像素较高的显示器。

（2）分辨率。根据应用分类，分辨率的类型可以分为显示器分辨率、屏幕分辨率和图像分辨率三种。一般情况下，显示器屏幕的分辨率都用“行像素值 × 列像素值”的方式来表示。例如一个显示器的分辨率为 3840 × 2160，表示这台显示器的每一行有 3840 个像素点，而每一列有 2160 个像素点。如果显示器屏幕的像素点越多，那么在同样的清晰程度下显示器屏幕可以显示更多的目标物体，或者是同样多的显示目标下显示器屏幕的画质会表现得更加清晰。通常情况下，分辨率越高，那么显示目标就会越细腻。

（3）尺寸。一般情况下显示器尺寸是指显像管的对角线尺寸，单位是英寸，换算成厘米单位，约为 2.45cm，最大可视面积是显示器可以显示图片的最大范围。

（4）响应时间。显示器的响应时间是指显示屏幕对传输信号产生反应的基本时间，以毫秒来计算。响应时间具体可以分为两个部分：上升时间和下降时间，而人们口中的响应时间通常是上升时间和下降时间的加和。一般情况下，如果显示器的响应时间越短，那么屏幕瞬间移动的画面就不会出现延迟的现象，与此同时，画面清晰度的精度就越高。如果显示器的响应时间越长，那么屏幕上的画面就会出现延迟，导致整体画面会出现延拖，换言之就是应该是下一帧图像该出现在屏幕上的时候上一帧图像却还没有消失在屏幕，给人一种像是显示器卡住的错觉。

（5）色彩深度。屏幕图像的像素是由红、绿、蓝三原色组成，而色彩深度是指每个像素的显示可以表示颜色的参数数量。一般显示器的色彩数量的基本单位是 bit(比特)，即每个显示单元能呈现出的明暗变化数量。而 bit 这一单位是表示 2 的多少次方，比如 8bit 色彩就是 2 的 8 次方，每个显示单元的变化有 256 种，单个像素呈现出的色彩组合就是 256 × 256 × 256=16 777 216 种，基本达到了一般人的视觉极限。在市场上普通显示器的色彩深度为 16bit 或 24bit。

（6）HDR。对比一般的图像画面，高动态范围图像可以提供更多的视野范围和画面细节。根据曝光范围，HDR 可以提高画面对比度和增强色域来让图像画面更具有视觉冲击力。比如一些灰暗的画面场景里，不具备 HDR 的显示器屏幕可能是一片黑，几乎没有差别，但是在具备 HDR 的显示器屏幕中可以看到漆黑的画面中的一些微小区别。

3. 无人机硬件设计

目前，大部分无人机爱好者都会选择四旋翼无人机来完成项目作业。相对于其他系列的无人机，四旋翼无人机的结构相对更加简单，飞行控制也更加方便，在成本较低的情况下可以承载一定的风险，具有较高的稳定性。因此，四旋翼无人机不仅在军事领域中发挥超强的战斗机能，也在人们的日常生活中帮助解决一些人力完成的任务（见图 7–38）。

图7–38　四旋翼无人机实物图

五、软件设计

基于树莓派的无人机光流定位系统研究的主要内容是对光流算法进行设计改进，所以本次设计的重点是软件部分的设计。首先需要通过分析研究两种传统经典的光流算法，然后再选择用 python 程序设计语言来编写，集成开发环境选用 PyCharm。PyCharm 不仅具有一般 IDE 具备的功能，而且支持许多程序设计语言的编译开发。完善的库函数调用功能和流畅的调试功能是许多python爱好者以及软件工程师们选择这款编译器的原因。而硬件部分的重点在于树莓派平台的环境搭建，然后通过树莓派的外部接口连接电源、显示器以及其他外部设备，这些在第四章会有详细介绍。

1. 程序流程

软件设计部分的整体流程如图7–39所示。首先，算法需要调用打开摄像头的库函数，设定读取图像信息的第一帧作为当前帧。然后将当前帧的图像变成灰度图以方便图像信息的处理，再根据所设计的光流算法计算判断当前帧图像与下一帧图像之间的关系。依此类推，不断重复这个循环来运算处理图像信息数据。最后再通过一些预先设定好的颜色线条绘画出运算后的光流矢量，最后再将这些数据信息反馈到显示器中去。

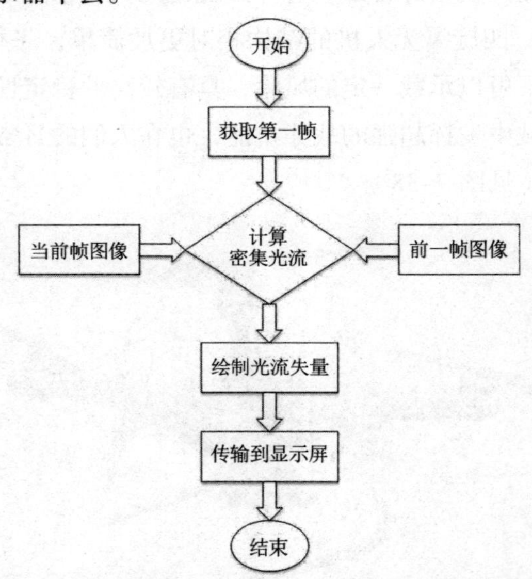

图7–39 基于树莓派的无人机光流定位系统软件设计流程

2. 功能模块设计

根据算法比较后，设计程序包括两种主要的光流算法，一种是基于LK算法所设计的稀疏光流计算，另一种是基于梯度的思想所设计的稠密光流计算。

（1）Farneback算法程序。

```
# 调用 numpy 和 cv 2 库函数
import numpy as np
```

```
import cv2
    # 打开笔记本内原有的摄像头
    cam = cv2.VideoCapture(0)
    # 获取第一帧图像
    ret , prev = cam . read()
    # 调用函数将图像变成灰度图
    prevgray = cv2.cvtColor ( prev , cv2.COLOR_BGR2GRAY )
    # 使用 Gunnar Farneback 算法计算密集光流
    # calc Optical Flow Farneback 语句内的主要参数有前一帧图像，当前帧图像，输出的光流，金字塔参数，金字塔层数，窗口大小，算法迭代的次数，像素邻域，高斯标准差的范围
    flow = cv2.calcOpticalFlowFarneback ( prevgray , gray , None , 0.5 , 3 , 20 , 3 , 7 , 1.5 , 0 )
    # 将图像画面划分成格子形状，然后选取相同区间上的像素点
    y, x = np. mgrid [ step / 2 : h : step , step / 2 : w : step ] . reshape (2 ,-1) . astype (int)
    # 在网格点上选取合适的坐标点来对应光流矢量的位移
 fx , fy = flow [y, x] . T
    # 将初始点和变化的点堆叠成 2 * 2 的数组
    lines = np . vstack([x , y , x + fx , y + fy]) . T . reshape(-1 , 2 , 2)
    # 以第一点和最后一点作为两点距离来连线，该线条代表着光流矢量
  cv2.polylines( img , line , 0 , (0 , 255 , 255) )
    cv2.imshow( ‘flow ’, img )
```

Farneback 算法设计相对而言更加简洁直观，该算法能全局计算光流矢量。当手在摄像头前面从左往右滑过时，显示窗口可以很清晰地观察到手移动的轨迹，并且用黄色的线条（程序预先设定了用黄色线条来绘制光流矢量）描绘出了运动的方向。整体而言可以达到预期效果，但是在一些细节部分仍然存在一些遗憾。例如在手势滑动过程中，上半身以及背景里其他一些产生微小移动的物体并没有被检测到。而且，该算法运行需要消耗大量资源，会产生一定的时间延迟。当手已经划过摄像头采集图像的窗口范围时，最理想的效果是显示器的窗口也同步手的运动轨迹，不会再出现手势。但是以目前的算法来说，还达不到最理想的

效果。之后会针对这些细节部分再去优化改进该光流算法。

（2）改进后的 LK 算法程序。

```
# 调用 numpy 和 cv 2 库函数
import numpy as np
import cv2
# 打开笔记本内原有的摄像头
cam = cv2 . VideoCapture(0)
# 获取第一帧图像
ret , prev = cam . read ( )
prvs = cv2 . cvtColor( prev , cv2.COLOR_BGR2GRAY )
hsv = np . zeros_like( prev )
# 遍历图像序列每一行的第 1 列
hsv [ . . . , 1 ] = 255
# 返回一个两通道的光流向量，实际上是每个点的像素位移值
flow = cv2 .calcOpticalFlowFarneback( prvs , next , None , 0.5 , 3 , 20 , 3 , 7 ,
1.5 , 0)
# 将笛卡尔坐标转换为极坐标，获得极轴和极角
mag , ang = cv2 .cartToPolar( flow[ ..., 0], flow[ ... , 1] ) hsv
[... , 0] = ang * 180 / np . pi / 2
hsv[... , 2] = cv2 .normalize( mag , None , 0 , 255 ,
cv2.NORM_MINMAX )
rgb = cv2.cvtColor ( hsv , cv2.COLOR_HSV2BGR )
# 关闭窗口
cv2.destroyAllWindows( )
```

改进后的 LK 算法程序相对而言更加注重细节部分，该算法设计是可以计算稀疏光流矢量的。当手在摄像头前面从左往右划过时，显示的窗口不仅表现了手势运动的轨迹，还注意到周围场景的变化，用不同的颜色来表示不同的光流矢量（例如手是从左往右运动，那么手运动的轨迹整体用红色来表示，而背景里其他物体的运动用其他的颜色来表示）。虽然该算法程序运行时间相对而言较短，但运行后的效果比较模糊，不够清晰，整体而言，该算法比 Farneback 算法程序性

能更低一些。

3. 制作与调试

（1）制作。

本设计系统所涉及的各部分硬件电路，总体的特点是：

①硬件设计的主体是树莓派 4 集成电路，树莓派 4 具有多样的外部连接口，整体设计相对简单，外接元器件都是简单的常用元器件。

②因为大部分的硬件电路都是由现成的模块元器件相互连接，所以不需要太多的电路焊接部分。如果是连线不稳定，可以通过焊接接头来提高信号传输的稳定性。整体电路焊接难度较低，操作较为简单。

为了方便硬件设计的焊接与调试，把电路分为两大块：

①将树莓派 4 开发板作为一部分电路。

②将外部电源、显示器模块、四旋翼无人机以及无线鼠标等外部元件作为一部分电路。

本次硬件设计的电路焊接主要是要保证接口引脚部分的稳定性，焊接前要熟悉树莓派 4 开发板上各个外部接口的类型和引脚的作用。在焊接硬件电路时，根据以下原则进行焊接：

①使用一些清洁工具将所需焊接部分的铁锈等污渍清洁。

②焊接过程中注意安全，不使用焊枪时将焊枪放置在正确的位置上并及时断电，防止温度过高，避免烫伤或者其他事故的发生。

（2）调试。

本次设计的软件部分主要是在 python 程序设计语言环境中开发的。首先第一步是安装适应 python 语言开发的编程软件，根据可读性以及可扩展使用的特性选择安装了最广泛使用的集成开发环境之一——PyCharm，经过了解学习后开始编写 python 程序。如果程序在计算机上运行编译成功，那么需要搭载构建树莓派 4 的开发环境，然后将程序烧录进去，连接好相应的外部元件，开始运行调试程序。

①光流算法调试。首先在开发环境 PyCharm 下运行编译所设计的软件程序，观察程序是否正常运行。如果程序可以正常运行，那么观察程序运行后的效果是否可以达到在误差范围内的较为理想的结果，完成目标物体的光流定位。即当面对在摄像头范围内的静止目标物体时，算法不会对其产生定位误差，窗口画面内

不会有光流矢量的线条出现；当面对在摄像头范围内的运动目标物体时，算法可以对目标物体的运动轨迹产生定位，窗口画面内会有预先设定的颜色线条（例如在 Farneback 算法程序中，绘线的颜色设定为黄色）来描绘光流矢量。并且在运行编译过程中，要求算法的运算时间和所需资源可以在提供相对平滑画面的前提下尽可能缩减。如果算法程序的效果与理想效果出现偏差，可以先在 PyCharm 环境下调整改进算法，尽可能减小定位误差和提高算法运算效率，达到理想预期后，再下载到树莓派 4 的开发板上去进行整体的调试。在本次设计中，预先考虑该算法的定位效果，即全局定位的准确性和位置信息的精确度，在达到这一前提下，再考虑该算法的效率，即运行该算法所需要的运算时间和资源。

②液晶显示屏调试。通过树莓派 4 开发板的外部接口连接高清显示器，观察从树莓派 4 中是否有信号输入到显示器中去。如果显示器没有反应，首先检查在 5V 3A 的外部电源提供电压的情况下树莓派 4 处理器是否可以工作开机，有没有器件损害。如果树莓派 4 正常工作，那再检查外部电源提供给树莓派 4 的电源电压是否满足其需求。之后，可以通过排查信号传输线、显示器的质量以及显示器型号是否匹配等情况来调试显示器模块。最后，测试观察显示器是否可以正常显示树莓派 4 的桌面、程序文件以及图像等。

③树莓派 4 调试。首先检查树莓派 4 开发板元器件是否有损坏，然后根据使用教程安装搭载好开发环境。当平台环境搭载好之后，接入 5V 3A 的外部电源，观察树莓派 4 开发板是否可以正常供电运行。如果树莓派 4 无法正常运行，那预先检查外部电源是否可以正常供电，然后检查平台搭建是否可以正常使用，最后再检查一下外部连线是否正常连接以及信号传输是否稳定等。如果树莓派 4 可以正常工作，那就将程序下载到开发板中，观察程序是否正常运行。然后，直接在树莓派 4 的开发环境中编译调试软件程序。

④系统调试。将外部电源、显示屏、鼠标键盘等外部元器件与树莓派 4 开发板相连接，然后再将编写好的软件程序下载到树莓派 4 上，实现软件硬件整体联调。当显示器可以正常显示树莓派 4 的环境桌面后，开始运行已经提前下载在开发板上的程序，然后观察程序是否报错。如果程序可以正常运行，那么开始测试程序运行后的效果。首先在摄像头的镜头范围下先固定两个静止的目标物体，再观察显示屏幕中的程序窗口画面是否出现光流轨迹。如果画面上的物体没有出现黄色线条（程序预先设定绘画光流矢量的线条颜色是黄色），那么表示该程序对

静止物体没有出现测量误差。然后将一个目标物体置于摄像头范围内进行缓慢的运动，观察显示屏幕中的画面是否会出现相应的光流轨迹。如果画面上的物体沿着运动轨迹出现相对应的黄色线条，则表示程序对运动物体没有出现测量误差。最后，根据实际情况进行软件硬件联调，尽可能减小环境因素的影响以及效果误差。